Die enorme Ausdehnung der Land= und Seerüstungen in Frank=
reich, verbunden mit der stereotyp gewordenen Annahme, daß
eine Demüthigung Englands ein Postulat der traditionellen
Politik des Napoleonismus sei, hat seit längerer Zeit die Ge=
müther der Engländer in einer zweifelhaften Aufregung er=
halten — zweifelhaft, weil man nicht recht fühlt, ob diese
Aufregung aus einer Ueberschätzung des Gegners und seiner
Streitmittel, oder aus dem eigenen, lähmenden Bewußtsein
entspringt, nicht genug für seine Flotte und den Schutz seiner
Küsten gethan zu haben. Die lauten Stimmen hallten denn
auch bald im Parlamente wieder, und da es in London in
jeder Tagesfrage eine Partei der Alarmisten giebt, die mit
Bewußtsein unter excentrischem Geschrei ihre Geschosse weit
über das Ziel hinaus richtet, um die träge und indifferente
Menge wenigstens bis zum Ziele selbst hinzuschleppen, so wird
es für einen Unbetheiligten, der sich nicht den Besitz sicherer
Quellen und daraus hergeleiteter Anhaltepunkte zu verschaffen
weiß, schwer, sich aus dem Stimmenchaos eines Parlaments=
sturmes ein klares Bild von dem diskutirten Objecte zu machen.

Die Tragweite eines Zusammenstoßes Frankreichs und
Englands und am Ende gar eines siegreichen Vormarsches
französischer Bataillone gegen London ist so unberechenbar, daß
die Untersuchung, ob solche Ereignisse denn überhaupt möglich
oder nahe bevorstehend sind, nicht blos für die Diplomatie

1*

nothwendig, sondern auch für den ganzen Handelsstand, nament=
lich für den deutschen, zur Lebensfrage wird. Freilich giebt
es in Deutschland Stimmen genug, die mehr oder minder durch
den getheilten Eindruck des Villafranca=Friedens beeinflußt,
mit innerlicher Schadenfreude und trüber, heiserer Stimme
Preußen den nächsten Krieg prophezeien, und auch in unserem
Norden ist diese Annahme nicht ungeläufig, wie denn vor
Kurzem ein Schriftchen erschien, unter dem prophetischen Titel:
„Der nächste Krieg Frankreichs gilt Preußen!" — wir wollen
auch die Ansicht, daß sich Zouaven= und Turcos=Bataillone
einst noch mit dem Zündnadelgewehre messen werden, gar nicht
bekämpfen; jedoch darf durch solche Annahmen engerer Mög=
lichkeiten der Blick für die Weite und Ferne nicht beeinträchtigt
werden, und wenn ein Krieg gegen Preußen auch ein secun=
däres Mittel der Tuilerien=Politik wäre, so könnte sie doch in
einem solchen nimmer ihren letzten Trumpf ausspielen, was in
einem Ringen mit England um die Herrschaft zur See viel
eher nothwendig werden könnte.

Daß die Besorgniß vor einem solchen Entscheidungskampfe
zwischen den beiden Concurrenten um die Meeresherrschaft
übrigens in den betheiligten Kreisen, auch Deutschlands, durch=
aus vorhanden ist, und daß man bestrebt ist, die aus solchem
Unheil entstehenden nachtheiligen Folgen seinerseits abzuwenden,
beweist unter anderem die seit dem Ende November 1859
datirende Bremer Seekriegsrechts=Agitation. Aber auch in
London ist man für die Gefahr durchaus nicht blind, und ein
vor uns liegendes Werk von **Hans Busk** betitelt: „the navies
of the world, their present state and future capabilities",
bespricht in wahrhaft alarmirender Weise diese Angelegenheit,
und höchst interessant ist, was der Verfasser über die Stimmung
in Frankreich sagt, welches er behufs der Besichtigung von
Häfen und Arsenälen eben besucht hat. Wir führen ihn
wörtlich an: „Als das gegenwärtige Gouvernement seinen

Der Antagonismus

Frankreichs und Englands

vom

politisch = militairischen Standpunkte

und

die Wahrscheinlichkeit einer französischen Truppenlandung
auf der englischen Südküste.

Springer-Verlag Berlin Heidelberg GmbH

ISBN 978-3-642-93967-9   ISBN 978-3-642-94367-6 (eBook)
DOI 10.1007/978-3-642-94367-6

Softcover reprint of the hardcover 1st edition 1860

Dienst antrat," sagt der jetzige Finanzminister, „waren unsere friedlichen Beziehungen zu Frankreich nicht auf Wochen oder Tage, sondern auf Stunden in Frage gestellt. Daß dieser so beunruhigende Zustand der Dinge wiederkehren dürfte, ist, wie wir fürchten, nicht so gar unwahrscheinlich. Diejenigen, welche mit dem französischen Character am meisten vertraut und über die Aussichten und Hoffnungen der französischen Nation am besten unterrichtet sind, theilen alle die Ansicht, daß ein feind=licher Angriff unserer Nachbaren auf diese Küsten nur dann gemacht werden wird, wenn durch eine wohlersonnene Ueber=raschung eine Aussicht auf irgend welchen Erfolg garantirt ist. Ein wachsames Auge auf die Vorgänge in den Hauptwerften und Arsenalen Frankreichs und auf die Bewegungen seiner Flotten und Schiffe, und zu gleicher Zeit unermüdete Rüstungen, jedem Angriffe zu begegnen, er mag kommen woher und wann er will, wird daher nahezu so viel heißen, als den Ereignissen zuvorkommen."

Dies sind gute Rathschläge, aber sie genügen nicht, um eine Landung unmöglich zu machen, denn erstens müssen sie erst befolgt werden, und zweitens sind sie an und für sich un=zureichend, wie wir später sehen werden. **Busk** fährt fort:

„Ein französischer Seeoffizier, der sich vor einiger Zeit mit dem Autor über diesen Gegenstand rückhaltlos unterhielt, sagte: „„unser Hauptbestreben war seit Jahren, unsere Marine nach und nach so zu vermehren, daß wir zu irgend einer Zeit rücksichtlich der Frage der Seeherrschaft mit Ihrem Lande völlig gleich wären. Ein Beschluß vom Jahre 1846 bestimmte, welches unsere See=Politik fortan sein würde; und obgleich wir, wie Sie wissen, seit dieser Zeit so manche Veränderung in unserer Regierung gehabt haben, ist doch durch kein Ereigniß die durch die Ordonnanz von 1846 vorgeschriebene Bahn der Thätigkeit alterirt worden. Im Gegentheil, **celui que nous avons main-tenant** (damit meint er den Kaiser) hat so entschieden wie kein

anderer Mensch in diesem Reiche die Absicht, Ihr Land zu
bemüthigen. Dies Werk zu vollführen, betrachtet er als seine
Bestimmung, und er weiß sehr wohl, daß der erste und einzige
Streich, den er führt, Ihre Macht zur See auf einmal und
für immer zermalmen muß. Seien Sie versichert, daß er nicht
eher versucht sein wird, dies Werk in Angriff zu nehmen, bis
er sich selbst in einer Stellung findet, die ihm erlaubt, sein
Lieblingsproject mit aller Aussicht auf prompten Erfolg aus-
zuführen, so daß er in wenigen Tagen, nachdem er den Streich
geführt hat, im James-Palast einen Frieden dictiren kann, der
den Interessen und Ansprüchen Frankreichs am besten convenirt.""

„Dies wurde mit nicht geringer Selbstgefälligkeit, aber
mit der vollsten Ueberzeugung gesagt, daß die so vorgezeichnete
Catastrophe entschieden eintreten würde. In der That, diese
Ueberzeugung kann als der Hauptartikel im Glaubensbekennt-
nisse des großen französischen Offizier-Corps angesehen werden.
In anderen Dingen mögen ihre Ansichten vielleicht weit auseinander gehen — aber darin stimmen sie alle überein, daß
sie unbestritten die größte Bravour besitzen und eines Tages
ihre stürmenden Bataillone mit Erfolg gen London führen
werden; das letztere Ereigniß könne zwar noch verzögert werden, aber Englands Macht, Stärke und Hülfsmittel seien nicht
im Stande, es abzuwenden. Die französische National-Eitel-
keit ist durch die schmeichelhaften Schriften einer Menge geschickter und wenig gewissenhafter Journalisten genährt worden,
deren sicherster Anspruch auf Volksgunst darin bestand, daß
sie das unglückliche und „treulose Albion" bewitzelten und be-
drohten. Es ist längst ein stehendes Thema unserer freund-
lichen Nachbarn, die vertheidigungsbare Natur unserer Küsten
darzulegen, die Unmöglichkeit eines erfolgreichen Kampfes mit
einer so dominirenden Land- und Seemacht, wie Frankreich
sie nächstens haben wird, und die gleich große Unfähigkeit unserer unmilitairischen und undressirten Nation, den stärkeren

und durchaus disciplinirten Legionen Frankreichs Widerstand zu leisten. „Wer kann uns hindern, die unerträgliche Unverschämtheit dieser Inselbewohner zu züchtigen?" sagte neulich im Gehörsbereich des Referenten an einer table d'hôte in Toulon ein stattlich decorirter französischer Offizier, der mit uns in der Krim gedient hatte. „Sie machten einst anmaßende Ansprüche auf die Herrschaft im Ocean," fuhr er fort, „aber damit ist es jetzt aus — die Bestimmung Frankreichs duldet keinen Widerstand — sich ihr entgegenstellen, heißt den Willen Gottes bekämpfen!"

„Diese und ähnliche Ansichten finden im ganzen Lande ein tausendfaches Echo und werden überall mit Beistimmung, wenn nicht mit enthusiastischem Applaus aufgenommen. So traurig die Thatsache ist, es giebt kein sichereres Mittel für einen Franzosen, den Beifall seiner zuhörenden Landsleute zu erhalten, als wenn er sich in bitteren Schmähungen gegen seine ehrlichen und friedliebenden Nachbarn auf dieser Seite des Canals ergeht. Eine Phrase oder ein Wort in den Theatern, welches England oder die englische Sprache verunglimpft, wird sofort vom Publikum mit Begeisterung erfaßt und beklatscht; eine Zeitung, eine Broschüre, ein Buch mit ähnlicher Tendenz findet einen größeren Leserkreis, wenn diese Werke auch nur übertriebene Schmähungen oder schlecht begründete Beschuldigungen Englands, seines Volkes oder seiner Einrichtungen enthalten. Wenn sie ihren Vorrath stereotyper Schmähungen erschöpft haben, so kommen sie auf das ebenfalls verbrauchte Thema der Unglücksprophezeiung zurück: „das Schicksal hat bereits an die Uhr der Reiche gerührt, die Stunde Englands ist im Abnehmen." Dies ist das große Wort, das jüngst Herr Amédée de Césena sprach, der frühere Herausgeber des Constitutionel. Derselbe würdige Herr betheuert, daß der gegenwärtige Zustand der Dinge noch 6 Monate oder so etwas dauern mag, aber in die Ferne blickend, fügt er hinzu: „vor

1899 wird die hochmüthige Herrin der Meere auf das Niveau Hollands herabgestiegen sein. Amerika und Rußland, diese beiden Roms der Zukunft, werden dann längst die leere Stelle eingenommen haben. Das britische Reich kann möglicher Weise noch ein paar Jahre vegetiren, aber daß es gerichtet ist und die Tage seiner Blüthe für ewig hin sind, kann kein vernünftiger Mensch bezweifeln." Diese feindselige Stimmung herrscht nicht nur in den Kreisen der Armee und der Flotte, in der Presse und den niederen Volksschichten, sie inspirirt auch die feineren geselligen Cirkel und bricht auch häufig im diplomatischen Verkehre und in officiellen Urkunden hervor.

So berichteten die Zeitungen im December 1859 von einer Unterredung des Kaisers mit Lord Cowley, worin jener geradezu sagte: er wundere sich sehr, daß England ihm bei seinen hochherzigen Bestrebungen so wenig entgegenkomme, da er es doch ganz in der Hand habe, den gegen England gerichteten Sympathieen seines Reiches freien Lauf zu lassen.

In der Sitzung einer französischen Commission am 12. Februar 1851 wurde der schleunigste Bau von 20 Vollkraft-Dampffregatten erster Klasse, sowie die Umänderung aller anderen noch brauchbaren Segelfregatten für die Hülfsschraube beschlossen; 50 Schrauben-Corvetten sollten gleichfalls geschafft werden; 20 große Dampf-Transportschiffe sollten permanent in Bereitschaft gehalten werden, um jedem dringenden Bedürfnisse zu genügen. Zählt man die seit jener Zeit erbauten oder im Bau befindlichen Schiffe, so sieht man, daß diese Beschlüsse mehr als ausgeführt sind. Nur wenige Copieen vom Berichte jener Commission sind aus officiellen Händen gekommen, und vielleicht haben nur eine oder zwei ihren Weg nach England gefunden — nach diesen scheint es in der Intention zu liegen, eine erträglich starke Reserve-Flotte in jedem der Häfen von **Dünkirchen, Havre, Cherbourg, St. Malo, Brest, Lorient und St. Lazare** zu halten, zwischen denen eine beständdige Verbindung durch kreuzende Schnelldampfer hergestellt ist, und auf diese Weise alle südlichen und westlichen Häfen Englands zu blockiren. Die Reserven müssen stark genug sein, um eine plötzliche Landung in England zu ermöglichen, sobald nur eine günstige Gelegenheit sich dafür bietet und Frankreich einmal den definitiven Entschluß zu diesem Coup gefaßt hat.

Man hat aus den unglaublich schnellen und trefflich organisirten Truppen-Entsendungen, die 1849 von Toulon nach Civita-vecchia auf 100 französische Meilen stattfanden, ziemlich genau berechnet, daß 10,000 Mann und 1200 Pferde auf einer Flotte von 8 Dampffregatten, 1 Corvette von 320 Pferdekraft, 1 Aviso und 8 Transportschiffen, jedes im Schlepptau einer Fregatte, bequem eine Landung auf mehreren Punkten der englischen Küste ausführen können. Nach demselben Ansatze, sagt das Commissions-Mitglied Mr. Daru, der sicher betreffs der Details einer solchen Visite genügend unterrichtet ist, kann eine dreimal stärkere Flotte mit derselben Leichtigkeit 30,000 Mann und 3600 Pferde auf jeden Punkt des vereinigten Königreichs schaffen. Aus einleuchtenden Gründen, fügt er hinzu, wäre es nöthig, den größeren Theil dieser Flotte in Dünkirchen zu sammeln, wenn man die Ostküste bedrohen will — und in Cherbourg oder Brest, wenn die Ausschiffung auf der Südküste stattfinden soll; Cherbourg würde als am nächsten der britischen Küste das Haupt-Rendezvous für die Dampfflotte sein, welche den Canal durchkreuzen soll, denn Cherbourg ist, wie Napoleon III. gesagt hat, „ein Auge, das gegenüberliegende Ufer zu bewachen und zur gleichen Zeit ein Arm, es zu züchtigen."

In einer vertraulichen Mittheilung des Admirals Sir Byam Martin auf Grund der Eröffnungen eines englischen Flottenoffiziers, der ungenannt bleiben will, wird gesagt: „Keine Ausgabe ist gespart worden, um Dünkirchen, Calais und Boulogne zur Aufnahme zahlreicher Dampfer fähig zu

machen; auch sind diese Häfen einander so nahe, daß sie com=
binirte Flottenmanoeuvre in einem Grade gestatten, von dem
wenige in diesem Lande eine Vorstellung haben. Diese drei
Häfen sind so erweitert und ausgetieft worden, daß sie mehr
als 100 große Kriegsdampfer aufnehmen können. Calais kann
in seinem Bassin beständig 20 flott erhalten, und der Grund
auf anderen Punkten ist so weich und eben, daß 300 Dampfer
und Transportschiffe ohne Gefahr und Nachtheil auf ihm blei=
ben können, in Bereitschaft abzudampfen, sobald halbe Fluth
eingetreten ist — der Hafeneingang ist so ausgetieft, daß er
jetzt bei niedrigem Wasser noch 9 Fuß hat (die Steigung der
Fluth aber ist dort sehr bedeutend). Die Wichtigkeit dieser
drei Häfen steigt durch eine Binnenwasser=Verbindung mit den
Kohlenminen von Mons und anderen Theilen Belgiens, so=
wie mit der großen Dampfmaschinen = Fabrik in Lüttich.

Ostende ist so erweitert worden, daß es jetzt 40 der größ=
ten Kriegsdampfer flott erhalten kann und im Falle eines Krie=
ges gegen England ist sicher auf Ostende als einen französischen
Hafen gerechnet.

Allerdings folgt aus dieser Behauptung die Nothwendig=
keit einer Allianz mit Belgien; ließe sich diese jedoch auf di=
plomatischem Wege nicht erlangen, so müßte Frankreich, falls
sie eine **conditio sine qua non** für den englischen Krieg wäre,
Belgien erobern, wodurch es sicher in Conflict mit Preußen
und Holland gerathen würde.

Mit Hülfe aller oben erwähnten und verbesserten Häfen
kann Frankreich eine Zahl von Dampfern concentriren, die bei=
nahe den Raum zwischen Calais und Dover ausfüllen würde,
und vermittelst dieser Thatsache ist es im Stande, in jedem
Augenblicke ein Invasionsheer vorwärts zu bewegen.

Die in Rede stehende Mittheilung des Admirals schließt
mit den bezeichnenden Worten: „zu welchem Zwecke so kolos=
sale Ausgaben gemacht worden sind — wer kann noch Zwei=

fel daran haben?" Männer von allen politischen Farben in
Frankreich stimmen darin überein, „daß es die Pflicht Frankreichs ist, so lange in der Entwicklung aller seiner maritimen
Hülfsmittel fortzufahren, bis es unter Benutzung der durch
den Dampf geänderten Momente für den Seekrieg im Stande
ist, in einem günstigen Augenblicke dem Britischen Reiche die
ungetheilte Herrschaft zur See zu entreißen."

Mr. Reed fügt zu dieser Bemerkung noch hinzu, daß die
Vermehrung der französischen Flotte durch große Schiffe nicht
blos eine plötzliche Landung, sondern Dinge von noch weit
größerer Tragweite im Auge habe. Zwei-Decker und Drei-
Decker sind durchaus nicht die für jenen Zweck tauglichsten
Fahrzeuge. „Wie ihr Name schon besagt (ships of the line),
sind sie für die Schlachtlinie, und ihre so zahlreiche Erbauung
durch den Kaiser beweist, daß, wenn ein Bruch der entente
cordiale eintritt, wir Frankreich nicht blos in unseren Häfen
oder auf unseren Küsten werden zu bekämpfen haben. Der
Kaiser rüstet sich offenbar, uns, wenn es sein muß, auch auf
offener See zu treffen." Erleidet England aber dort ebenfalls
eine Schlappe, dann, ruft Busk aus, ist dieses Reich mit seinen häuslichen Interessen, seinen Mittelmeer-Häfen und Inseln
und seinen weit verbreiteten Colonieen, als Großmacht vernichtet und Frankreich beherrscht ohne Concurrenz das Weltmeer.

So spricht ein Engländer im Jahre 1859.

Sehen wir uns auf der anderen Seite des Canals um,
so werden dort alle diese Ansichten mehr oder minder bestätigt;
zumal verrieth die wohlgemeinte, aber ihren Zweck verfehlende
Indiscretion des Moniteur nur allzu deutlich die französischen
Gelüste. Dieses offiziell inspirirte Blatt — ein allen impera-
torischen Zwecken dienendes Chamäleon, das trotz des Ekels,
den seine polichinellartig aufgeputzten Lügen einflößen, uns
durch die Unerschöpflichkeit seiner sophistischen Mittel, sich aus
der Affaire zu ziehen, eine zweideutige Achtung abnöthigt —

diese kaiserliche Carnevals-Maske aus Lumpen und Buchdrucker-
schwärze brachte im Juli 1859 einen Artikel, der das Vertrauen in London wieder herzustellen suchte, und den wir hier
in verkürzter Gestalt dem wesentlichen Inhalte nach mittheilen.
„Man sucht in England die Ursache der Lasten, die man dem
englischen Volke zum Zwecke der „Nationalvertheidigung" auf-
erlegt, Frankreich zuzuschreiben. (Dieser Eingang faßt gleich
den Stier bei den Hörnern). Die angebliche Uebertriebenheit
unserer Rüstungen ist es, welche als Rechtfertigung für die bedeutende Erhöhung der englischen Büdgets für Krieg und
Flotte dient. Eine Vergleichung unserer Büdgets mit den englischen Büdgets wird zeigen, wie durchaus irrig diese Voraus-
setzungen sind. Seit 1853 hat sich das englische Büdget um
13½ Million Pfund Sterling oder 336 Millionen Francs vermehrt und die Kosten für Krieg und Marine zählen bei dieser
Vermehrung um mehr als 200 Millionen mit. In dem
nächsten Jahre (1860) werden diese zwei Büdgets in England
über 650 Millionen Francs in Anspruch nehmen, wovon auf
das Kriegsbüdget über 330 Millionen und auf das Marine-
büdget 320 Millionen kommen. In Frankreich beläuft sich
das Kriegsbüdget, sowie es für das Jahr 1860 votirt wurde,
nur auf 339 Millionen und das Büdget für die Marine auf
123 Millionen. Dies beträgt im Ganzen ungefähr 463 Millionen und bleibt folglich weit hinter den Ausgaben Groß-
britanniens für dieselben Posten zurück." Indem in dieser
den zu besteuernden Klassen beider Länder wenig erquicklichen
Rechnung durch viele Details fortgefahren wird, schließt der
Artikel mit dem Passus: „Allerdings begreifen die Ausgaben
für 1859 und 1860 die Unkosten für den Italienischen Krieg
und die Expedition nach Cochinchina, die sich noch nicht vollkommen übersehen lassen, nicht in sich; doch ist die Wahrscheinlichkeit vorhanden, daß aus der Anleihe von 500 Millionen eine bedeutende Summe, nach der Vorwegnahme dieser

Ausgaben verfügbar bleibt, und daß, wenn die Ereignisse, wodurch dieselben veranlaßt wurden, einmal beendigt sind, der normale Bestand für diese beiden Büdgets wieder eintritt. Man fragt sich also, ob es Frankreich und dessen außerordentliche Rüstungen sind, denen man die übermäßigen Lasten zuschreiben muß, die man dem englischen Volke aufbürdet, oder ob diese ungeheuren Ausgaben und die Abgaben, die eine Folge derselben sind, nicht anderen Ursachen zugeschrieben werden müssen."

So hinfällig uns die hier ausgesprochenen Hoffnungen auf Ersparnisse erscheinen, und so schwer es im Allgemeinen bleibt, derartigen Rechnungen auf den Zahn zu fühlen und die Probe zu machen, so erregte dieser Artikel doch aus ganz anderen Ursachen in London das größte Aufsehen und schon am Tage nach seinem Erscheinen sagte die Times über ihn, „daß er nichts als ein unangenehmer Versuch sei, ein System der Winkelzüge zu beginnen, und nur eine niederdrückende Wirkung hervorgebracht habe." Sie wies auf die Unmöglichkeit hin, da es in Frankreich keine freie Presse gebe, in England irgend eine Bürgschaft hinsichtlich der Ausdehnung einer etwaigen Reduction im französischen Marinewesen zu erlangen; ferner darauf, daß Frankreich bereits gerüstet sei, während England bedeutend nachzuholen habe, daß also die Angabe der beiderseitigen Ausgaben nicht maßgebend sein könne, zumal bei den höheren Kosten der englischen Ausrüstung; und sie schließt mit den Worten: „seit zehn Jahren hat die französische Finanzvorlage beinahe stets gezeigt, daß in dem nächsten Jahre ein für den Amortisationsfond verwendbarer Ueberschuß vorhanden sein werde; aber weit entfernt davon, daß sich diese Verheißung je erfüllt hätte, wuchs die Nationalschuld fort und fort, bis sie zuletzt auf beinahe 1000 Millionen Thaler (130 Millionen Pfund Sterling) heranschwoll." — In ähnlichem Sinne sprachen sich fast sämmtliche Londoner

Blätter aus und der Advertiser sagte ziemlich naiv und grob:
„es kann doch sicherlich kein Engländer so blödsinnig sein, aus
dem Moniteur=Artikel nicht zu erkennen, daß Louis Napoleon
zu einer Invasion Englands entschlossen ist. Es wurmt ihn,
daß wir uns zur Abwehr rüsten, und indem er unsere Anstal=
ten als unnöthig schildert, hofft er, die Nation werde ein Ge=
schrei gegen fernere Geldverschwendungen erheben, und die
Küsten halb entblößt lassen, so daß England ihm eine ver=
hältnißmäßig leichte Beute würde. Aber die Folge wird ohne
Zweifel lehren, daß er die Rechnung ohne den Wirth gemacht
hat." — Man kann nicht umhin, in diesen Worten etwas
von hausbackener Logik zu finden.

Wenn aus dem bisher Gesagten erhellt, daß ein feind=
licher Zusammenstoß Frankreichs und Englands, trotz aller
Chinageborenen Freundschaft, nicht außerhalb der Wahrschein=
lichkeit liegt und wenn wir sehen, daß unter dem Drucke dieses
Vorgefühls das englische Volk seit Jahren gelebt hat, so kön=
nen wir auch mit Sicherheit voraussetzen, daß man in Eng=
land ohne Unterlaß thätig gewesen ist und noch ist, um allen
Eventualitäten begegnen zu können. Wenn wir die Anstren=
gungen betrachten, die man englischer Seits gemacht hat, um
die Küsten zu schützen und im Falle eines Krieges das zahl=
reiche See= und Landmaterial mit dem entsprechenden Per=
sonale zu besetzen, so kann man nicht leugnen, daß viel, sehr
viel gethan worden ist, daß der Erfolg aber noch immer nicht
den Anforderungen entspricht, und ein kühner Landungsversuch
noch immer zu viele Chancen des Gelingens bietet. England
hat kein stehendes Heer — die wenigen Linientruppen, die es
besitzt, würden wir ein Armeecorps nennen — es hat auch
kein Reserve=System, durch welches es den Etat immer wieder
zu completiren vermag; ebenso wenig hat es aber ein großes,
auch im Frieden im Dienste stehendes Marinecorps; über wel=
ches jeden Augenblick verfügt werden kann; — und so viele

Versuche und Vorschläge auch gemacht worden sind, um die
Nachtheile dieses Mangels durch andere Systeme zu paraly-
siren, so scheint es doch, als sollte England die Lösung dieses
Räthsels nimmer finden, wenn es nicht seine industriellen
Hülfsquellen aufs empfindlichste beeinträchtigen will.

Man nahm gewöhnlich an, daß es im Frieden nicht
schwer sei, die entsprechende Anzahl von Leuten aufzubringen;
nach den Versicherungen des ersten Lords der Admiralität ist
aber der Königliche Flottendienst trotz aller gemachten Zuge-
ständnisse nach wie vor unpopulär geblieben. Sir John
Pakington berichtet, daß der Ganges, ein Segel-Linienschiff,
84 Kanonen, nach dem Eintreffen des Befehls in See zu gehen, noch 110 Tage im Hafen bleiben mußte, bevor er seine
Mannschaft completirt hatte; Diadem, im August 1857 beor-
dert, wurde 135 Tage aufgehalten, und ging nicht vor Januar 1858 in See; der Renown, im November 1857 beor-
dert, wurde aus demselben Grunde 172 Tage behindert, und
dann segelte er mit einem Manquement von 62 Köpfen ab;
der Marlborough brauchte 129 Tage und der Euryalus 121
Tage, bevor er complet war.

Wir sehen aus diesen historischen Beispielen, wie traurig
es mit der Präcision der Bemannung der Fahrzeuge steht; einige
der namhaft gemachten Schiffe brauchten 6 Monate, alle eine
Durchschnittszeit von 4 Monaten, bevor sie ihre Matrosen voll-
zählig hatten. „Dies ist ein Zustand, der nicht länger geduldet werden darf," ruft Busk aus; und dennoch ist dieser Zustand möglich, obgleich schon seit dem Jahre 1852 ein System
für den permanenten Dienst — continuous service system —
eingeführt ist. Darnach werden Seeleute unter vortheilhaften
Bedingungen verpflichtet, auf eine Zeit von zehn Jahren in
den Dienst der Königlichen Flotte zu treten; daß aber hierdurch
der Staat ähnlicher Verlegenheiten, wie der oben erwähnten,
nicht überhoben ist, beweist, wie ungenügend für seinen End-

zweck jenes System ist. Nach dem Berichte einer Commission, die aus den Lords Hardwike und Chandos, und den Herren Lindsay, Cardwell u. A. bestand und die ihren Rapport am 19. Februar 1859 machte, wird das continuous service system nur so lange als genügend erachtet, als das Reich in keinen Krieg verwickelt ist; um aus diesem Systeme nach und nach ein permanentes Flottencorps zu organisiren, verlangen die Herren einen beständigen Zuwachs an ausgebildeten Schiffs= jungen. Von den Schiffsjungen, welche jetzt jährlich in die Flotte eintreten, machen höchstens 500 — 600 vorher einen Cursus auf den Schulschiffen durch; die Commission empfiehlt daher, daß wenigstens fünf große Fahrzeuge in den verschiede= nen Häfen stationirt werden und dort ebenso viele Marine= schulen bilden sollen. Ferner soll unter allen Umständen in jedem der heimathlichen Häfen eine Reserve von Marinematro= sen gehalten werden, über die man jederzeit, sobald ein Schiff in Dienst gestellt werden soll, verfügen kann, und die den Kern eines wichtigen Corps bilden würden, wenn einmal eine plötzliche Rüstung erforderlich wäre. Man glaubt, daß in Berücksichti= gung der Friedensverhältnisse hierzu 4000 Mann genügen wer= den, ohne die Mannschaft der verschiedenen Hafen=Wachtschiffe mitzuzählen.

Die Zahl der voriges Jahr im Dienst befindlichen Schiffe war 267 mit 56,048 Köpfen an Bord; davon kommen auf Ost=Indien, China und Australien 49 Schiffe mit 389 Kano= nen und 5051 Mann; das Cap der guten Hoffnung 8 Schiffe mit 104 Kanonen und 1239 Mann; Westküste von Afrika 18 Schiffe mit 100 Kanonen und 1885 Mann; Brasilien 9 Schiffe mit 146 Kanonen und 1672 Mann; stilles Meer 12 Schiffe mit 281 Kanonen und 2845 Mann; Nord=Ame= rika und West=Indien 21 Schiffe mit 320 Kanonen und 3470 Mann, und das mittelländische Meer 22 Schiffe mit 532 Kanonen und 5786 Mann. (Dieser letztere Etat beweist, daß die Kanone Englands im Mittelmeere immer noch ein großes Wort spricht, obgleich die Franzosen dieses Meer gern einen „französischen See" nennen.) Der Rest der Schiffe vertheilt sich auf die heimischen Häfen; auch ist in dieser Berechnung die Canalflotte mit 7 Schiffen, 498 Kanonen und 4697 Mann, sowie der Küstenwachtdienst (26 Schiffe, 623 Kanonen, 3612 Mann) mitgezählt. Endlich gehören in die obige Zahl 12 im Partikulardienst befindliche Fahrzeuge, 21 heimbeorderte Schiffe, und 1813 in China und 6282 auf der englischen Küste stationirte Marinesoldaten.

Obige Uebersicht ist doppelt interessant; einmal, weil aus ihr in Vergleichung mit früheren Jahren hervorgeht, daß der Bedarf an Schiffen und Mannschaft in dem letzten Decennium um die Hälfte zugenommen hat (hiervon sind nur die Kriegsjahre 1854—1856 auszunehmen, in denen der Etat bis auf 393 Schiffe mit 64,737 Köpfen gestiegen war); und zweitens, weil die Nothwendigkeit, von 267 im Dienste stehenden Schiffen 139 — also die Hälfte — auf fernen Meeren und in fernen Häfen zu halten, Frankreich im Falle eines Landungsversuches in eine sehr vortheilhafte Position bringt, da letzteres ohne einen so bestimmt ausgesprochenen Seeberuf, und ohne ein die Welt umspannendes und überall den Schutz der Marine kategorisch forderndes Handelsnetz in der angenehmen Lage ist, eine bedeutende Anzahl von Fahrzeugen aller Art, ohne Unterbrechung concentrirt halten zu können.

Die Machtstellung, die heutzutage eine Flotte auf dem Meere einnimmt, wird nächst der Zahl der Schiffe hauptsächlich durch die Präcision bedingt, mit welcher die Schiffsartillerie feuert; und wenn sonst eine Flotte, die unter Segel in die Schlacht ging, wohl durch eine Art geschickter Seetaktik und durch die geringere oder größere Sicherheit ihrer Bewegungen einen Vortheil über den Feind erringen konnte, so wird jetzt, wo Gott Aeolus pensionirt und der Dampf das einzig

bewegende Princip geworden ist, der verheerende Athem der
Kanone und die Schnelligkeit, mit der die Breitseiten einander
folgen, wohl der Hauptfactor des Sieges sein. Schon in der
auf Veranlassung des Marschalls von Castries veröffentlichten
Encyclopédie de marine wird in einem Passus über die Seeartillerie vom Jahre 1783 die Kanone die einzige und haupt-
sächliche Waffe genannt, die den Ocean beherrscht. Um diesem Grundsatze gebührende Anerkennung zu verschaffen, wurde
das Corps der Matrosenkanoniere auf Veranlassung des Artilleriegenerals **Sir Howard Douglas** formirt; und der auf dem
Linienschiffe **Excellent** im Jahre 1830 gegründeten Seeartillerie-
schule folgten bald mehrere ähnliche Institute nach, die alle
zum Zwecke hatten, die durch die Matrosenpresse oder durch
freiwilligen Eintritt erhaltenen Elemente, die vielleicht sonst sehr
tüchtige Seeleute, an den Kanonen der Flotte ein ganz werth-
loses Personal waren, in der prompten Bedienung der Schiffsgeschütze zu unterrichten. Je mehr der Seeartillerie kundige
Mannschaft vorhanden war, um so größer wurde auch der
Schutz der Küste, denn diese nach einer gewissen Dienstzeit entlassenen **seamen-gunners** bildeten bei einer plötzlich herein-
brechenden Gefahr für die Küstensicherheit ein sehr willkommenes
Material, das an den Kanonen der See- und Landbatterien
verwerthet werden konnte.

Im Hinblick auf diese Thatsachen schlägt die mehr erwähnte
Commission vor, daß die zu organisirenden Reserven in der
Geschützbedienung ausgebildet werden sollen, und da die außerordentliche Wichtigkeit, Seeleute für den Beruf von Matrosen-
kanonieren zu erziehen, gar nicht hoch genug geschätzt werden
kann, so proponirt man, den Tagessold dieser Leute zu erhö-
hen und ihnen fünf Dienstjahre bei der Pensionirung als sechs
anzurechnen; doch soll, um die Pensionäre immer noch für den
Dienst an der Küste zur Hand zu haben, diesen nur im vereinigten Königreiche und auf den Canalinseln eine Pension

ausgezahlt werden. Auch will die Commission, daß von den 4000 Mann, die in den heimischen Häfen stationirt sind, wenigstens immer ein Viertel ausgebildete seamen-gunners sein sollen.

Nachdem im Berichte der Commissionsmitglieder noch verschiedene andere Vorschläge gemacht werden, die sich auf Lieferung von Kleidungsstücken, Vermehrung der täglich an Bord zu liefernden Brot- und Fleischportion, Verbesserung der Bett- und Tischutensilien u. a. m. beziehen und die den Dienst auf der Königlichen Flotte für den Seemann ebenso wünschenswerth machen sollen, geht man zu einem zweiten Hauptpunkte über, nämlich dem Modus, nach welchem die Flotte in dringenden Fällen schnell bemannt werden soll.

Indem man sich den Zufällen einer Matrosenpresse nicht mehr aussetzen will, da ein solches ungerechtes, barbarisches Verfahren nur Menschenfleisch, aber nicht ausgebildete Matrosenkanoniere liefert, und indem man die Unmöglichkeit eingesteht, angesichts der enormen Bedürfnisse der Handelsflotte das französische System der „Inscription" einführen zu können, statuirt man für die augenblicklichen Verhältnisse nur drei Wege, die nöthige Mannschaft aufzubringen: 1) ein auf sämmtliche Kauffahrer zu legendes Embargo; 2) eine Prämie für Jeden, der an Bord eines Schiffes Ihrer Majestät Dienste nimmt; und 3) eine Proclamation, welche die Dienste jedes Seemanns zwangsweise („compulsorily") fordert. — Also endlich und zu allerletzt doch eine Art Presse mit euphemistischem Namen!

Hieraus erhellt, wie wenig entwickelt noch die ernste Existenzfrage der Flottenbemannung für England ist, und mit welchem schadenfroh hoffenden Auge man in Paris auf diese Rathlosigkeit John Bull's blickt. Und in der That, wenn man bedenkt, daß der ganze Landstrich zwischen London und der Südküste jedem glücklich gelandeten Invasionsheere offen daliegt und das Duodez-Landheer nur als schwaches Bollwerk einem Feinde entgegengestellt werden kann, so drängt sich einem immer mehr

2*

die Ueberzeugung auf, daß old England, welches jedem stehen=
den Heere so gram ist, und aus Furcht für seine, ihm
verbrieften Freiheiten der magna charta, in einem stehenden
Heere nur einen gefährlichen Haufen privilegirter Nichtsthuer
sieht, daß dieses selbe England früh oder spät in den sauren
Apfel beißen, seine „mutiny-act" ad acta legen und mit
griesgrämlichem Widerstreben an die Beschaffung eines stehen=
den Heeres in folio denken wird. Man sehe nur, in welche
Sturm= und Drangperiode die Alarm=Literatur Londons gera=
then ist! Welch sonderbare Zuckungen macht der aus seiner
Neutralitäts=Ohnmacht schmerzhaft erwachende Körper Groß=
britanniens, dem in wüsten Fieberphantasieen der Teufel oder
„fighting Charley" schon jede Etappe zeigt, auf welcher die
Zouaven=Bataillone gegen die Metropole vorrücken werden!
In der „Naval and Military Gazette" vom Juni v. J. beweist
General Kennedy die Leichtigkeit einer Landung und eines Mar=
sches auf London. Er verlangt in einer Flugschrift die Befe=
stigung von London, Woolwich, Chatham, Sheerneß, Dover,
Portsmouth und Plymouth durch detachirte Forts, die Auf=
stellung einer starken National=Armee neben der regulä=
ren und zeigt, wie acht französische Corps à 25,000 Mann
zwischen Exmouth und Dartmouth in Einem Sommertage lan=
den, Exeter nehmen, auf London marschiren, die englischen
Seearsenale zerstören und dadurch England für immer zu einer
Macht zweiten Ranges machen können. — Möchte man sol=
chen Thatsachen gegenüber nicht mit den Worten moderner
Theaterdichter ausrufen: „das Drama eines stehenden Heeres
schwebe in der Luft!" — und wird die Panique nicht mehr
als einen Kopf gleichzeitig auf die Erfindung eines stehenden
Heeres bringen, so mißliebig solche Erfindung auch sein und
so wenig Aussicht sie auch haben mag, in dem Zahnbürsten und
Schuhwichse prämiirenden London ein Patent zu erhalten?

Die Reserven, die England für den schlimmsten Fall mobil

machen kann, sind vierfacher Art: 1) die auf dem festen Lande untergebrachten Marinesoldaten; 2) die Küstenwächter (the coast-guard); 3) die freiwilligen Küstenwächter (coast - volunteers); und 4) die Pensionäre (short service pensioners).

Was die englischen Marinesoldaten anbelangt, so kann nach dem Ausdrucke Busk's nicht hoch genug von ihnen gesprochen werden; es sind schöne, kräftige Leute, vortrefflich disciplinirt, sowohl als Artilleristen wie als Infanteristen brauchbar; sie bewegen sich mit vollkommener Sicherheit auf dem Decke und können geeigneten Falls recht gut auch ihre Schuldigkeit als Matrosen thun. Da aber ein tüchtiger Marinesoldat erst aus der Jahre langen Praxis an Bord eines Schiffes hervorgeht, so ist ihre Anzahl selbstverständlich gering, und würde England heute angegriffen, so würde es höchstens über eine in den heimischen Häfen befindliche Reserve von 6000 Marinesoldaten verfügen können. (Die Commission wünscht das Corps auf den Etat von 11,000 Köpfen gebracht zu sehen.)

Die Reserve der Küstenwächter ist augenblicklich 10,000 Mann stark, doch auch sie soll um 2000 Köpfe vermehrt werden. Diese Leute standen ursprünglich unter der Civil = Administration der Finanzen; sie waren ebenso wie der preventive service ein Corps von Zollwächtern, das einen specifisch maritimen Character trug. Es muß daher der Gedanke, aus ihnen militairische Küstenwächter zu machen, ein sehr glücklicher genannt werden. Sie nahmen so lange an Schießübungen Theil, bis Jeder das Patent eines seaman-gunner erhielt, wurden dann militairisch organisirt und bilden jetzt den Kern der eigentlichen Küstenvertheidigung, indem sie, districtweise in Compagnieen vertheilt, die zahlreichen Landbatterieen des britischen Gestades besetzen.

Die ewigen Befürchtungen rücksichtlich der ununterbrochen steigenden Seemacht Frankreichs ließen bald das dritte Reserve-Element in's Leben treten: die freiwilligen Küstenwächter. Es sind keine eigentlichen Seeleute, sondern nur Fischer und Küstenschiffer, jedoch in der Bedienung des Geschützes ausgebildet. Die Commission scheint zu ihnen kein besonderes Vertrauen zu haben; auch sind sie wohl nur dazu bestimmt, die Küstenwäch= ter an den Batterieen zu ersetzen, wenn diese durch eine drin= gende Gefahr auf die Schiffe gerufen sind. Elf Districte oder Seearrondissements, in die das englische Küstengebiet getheilt ist, gebieten über diese Reserven; die Districte stehen jeder unter dem Befehle eines Commodore und sind durch einen, den Um= rissen der Küste folgenden Telegraphen untereinander verbunden.

Das letzte Element der Reserve bilden die Pensionaire, d. h. diejenige Mannschaft, die nach einem zehnjährigen Dienste mit einer Pension von einem sixpence täglich entlassen worden ist. Hieraus erhellt, daß die Pensionaire nicht, wie dies wohl bei den Offizieren der Landarmeen der Fall ist, alte im Dienste schwach und grau gewordene Individuen sind, sondern man begreift unter ihnen eine Klasse von Menschen, die, da der Dienst vom 18. Lebensjahre an gerechnet wird, sich im Alter von **circa** 30 Jahren, also gerade in der schönsten Mannes= blüthe befinden.

Wenn alle Vorschläge der Commission, die Vermehrung der verschiedenen Reserve=Elemente betreffend, realisirt werden, so ist die Summe der Reserven auf 60,000 Köpfe zu veran= schlagen. Die Flotte zählt jetzt im Dienste 34,400 Matrosen (ohne die Küstenwächter), 6100 Schiffsjungen und 15,000 Ma= rinesoldaten — also 55,500 Mann; rechnet man hierzu den höchsten Ansatz für die Reserven, so ergiebt dies für die Stunde der Gefahr ein Maximum von 110,500 Köpfen. Jedoch ist wiederholt zu bemerken, daß sich England erst im Laufe der Zeit und wenn es vielfach vorgeschlagene Neuerungen einführt, zu diesem Etat emporschwingen kann; würde es jetzt gezwungen mit Frankreich eine Lanze zu brechen, so könnte es mit An= strengung aller seiner Kräfte höchstens 60,000 eingeübte Matrosen und Seesoldaten aufbringen.

Frankreich besitzt sicher 80,000 vollständig ausgebildete und der Geschützbedienung kundige Seeleute, und Admiral **La Susse** versprach schon im Jahre 1851 diese Zahl auf 90,000 Mann zu bringen. Es bemannt seine Flotte allerdings mit viel größerer Leichtigkeit, denn jeder französische Unterthan, der sich der Fischerei oder Küstenschifffahrt widmet, ist in besondere Listen eingetragen und kann jeden Augenblick für den Kaiserlichen Flottendienst herangeholt werden. Auch ist jeder Matrose der französischen Handelsflotte vollkommen an die strengere Disciplin und den Dienst der Marine gewöhnt, so daß er sofort in die letztere eingestellt werden kann; denn im Laufe von 9 Jahren gehen alle an Bord von Kauffahrern befindlichen Seeleute durch den Kaiserlichen Flottendienst hindurch, und dort erhalten sie eine vollendete Erziehung als Matrosen und Seeartilleristen.

Es ist sehr beachtenswerth, alle die französischen Einrichtungen zu verfolgen, die zum Zwecke einer prompten Flottenbemannung gemacht worden sind; und Frankreich hat in diesem Punkte England um so leichter bedeutend überflügeln können, als es in Paris nur einen Kopf giebt, der von dem absoluten Kaiserthrone aus befiehlt, der keinen Widerspruch und keine Geldrücksichten kennt, bei der verhältnißmäßig geringen Ausbreitung des französischen Handels lange nicht die peinlichen Rücksichten auf die industriellen Verhältnisse zu nehmen hat, wie England, und der endlich jeden seiner Befehle mit dem Kaiserlichen „car tel est notre plaisir" durchzuführen vermag.

Kein Individuum erhält seine Bestätigung als Capitain eines Kauffahrers, das nicht vorher eine bestimmte Zeit an Bord eines französischen Kriegsschiffes gedient und dort vielseitige artilleristische Kenntnisse erworben hat. Diese Einrichtung ist von so großer Tragweite, daß England mit Neid auf dieselbe blickt und **Busk** mit schmerzlichem Humor ausruft: unsere Capitaine der Kauffahrer verstehen von Artillerie gerade so viel, wie ein Bauernjunge aus Suffer oder ein Advokat in **Old Bailey** (ein Stadttheil Londons).

Was die Offiziere beider Flotten anbetrifft, so ist man, durch die vortrefflichen und glänzenden Leistungen der Franzosen bestochen, geradezu so weit gegangen, die englischen als total ungebildet und baar aller theoretischen Kenntnisse zu verurtheilen; eine Ansicht, die besonders in der deutschen Presse eine breite Vertretung gefunden hat. Wir theilen diese Ansicht jedoch nur in beschränktem Maße; aus allen Berichten, die zur Zeit des Krimkrieges und der vereinigten Flottenoperationen in der Ostsee über die Offiziere beider Staaten veröffentlicht wurden, geht nur so viel mit Gewißheit hervor, daß die Berufsbildung auf beiden Seiten eine außerordentlich hohe ist, und daß der französische Seeoffizier nur durch seine größere, gesellige Gewandtheit und liebenswürdigere Außenseite mehr Bewunderer fand. In einem Punkte aber müssen auch wir den Franzosen einen großen Vorzug einräumen: es sind jüngere, thatkräftigere Leute als der größte Theil der englischen Offiziere. Wir wollen durchaus nicht auf Kosten des geschulten Alters der Jugend und damit der Unerfahrenheit das Wort reden, aber man geht mit der Führung altersschwacher Individuen in der englischen Activliste entschieden zu weit. Von den 99 Admiralen, die in der Rangliste der englischen Marine aufgeführt sind, befindet sich die Hälfte in dem Alter zwischen 70 und 90 Jahren und von den 357 Capitains ist ein Zehntel zwischen 60 und 70 Jahre alt; was aber noch unglaublicher scheint, die Hälfte dieser Capitaine hat noch nie diesen Rang an Bord eines Schiffes bekleidet. Mr. Lindsay ruft indignirt aus, daß ein solches System nicht länger geduldet werden darf. Er sagt: „wir haben eine Activliste, die zum beträchtlichen Theile aus Offizieren zusammengesetzt ist, die gar nicht activ sind; einige von ihnen sind total unfähig in See zu gehen und für den Staat ohne allen Nutzen. Viele haben allerdings zu ihrer

Zeit große Dienste geleistet, aber diese Zeit ist längst vorbei, und man sollte vernünftiger Weise ihre Namen von der Activliste entfernen. In den höheren Graden giebt es Offiziere, die fähig sind und darnach streben, dem Staate zu dienen, für die sich aber beim besten Willen, selbst im Falle eines Krieges, der alle unsere Kräfte in Anspruch nimmt, keine Verwendung finden ließe."

England hat jetzt außer den oben angeführten 99 Admiralen, von denen nur 14 wirklich fungiren, und außer jenen 357 Capitainen, die ebenfalls nur ein Contingent von 96 in den activen Dienst stellen, noch 514 **commanders** (davon 173 im Dienst), 1038 Lieutenants (606 im Dienst) und 348 **masters** (263 im Dienst). Man sieht, daß die höheren Stellen sinnlos überfüllt sind, während die niederen Grade buchstäblich nicht genug Offiziere für die im Dienst befindlichen Schiffe haben; nach **Busk** fehlen 400 Offiziere, um den Etat voll zu machen. Nichtsdestoweniger betragen im Finanzjahre 1859/1860 die Kosten für diejenigen Offiziere der Activliste, welche Halbsold beziehen, ungefähr drei und eine halbe Million Thaler, indem ein Admiral einen Halbsold von 5400 Thalern erhält.

Wenn wir in diesen Zuständen einen faustdicken Zopf finden, so wird bei Betrachtung einer andern Thatsache unser Urtheil nicht besser gestimmt. Es herrscht in England seit undenklichen Zeiten die wahrhaft unglaubliche Gewohnheit, jede Schiffsmannschaft, sobald sie auf den höchsten Grad der Ausbildung und Disciplin gebracht ist, auszuzahlen und aufzulösen. Es wird ein Schiff in Dienst gestellt, und vermöge größter Anstrengungen die nothwendige, noch ganz rohe und ungeschickte Mannschaft zusammengebracht, worüber jedoch, wie wir gesehen haben, oft viele Wochen vergehen. Endlich segelt oder dampft das Schiff ab, irgendwohin, nach dem Mittelländischen Meere oder dem stillen Ocean, oder nach einer der Ostindischen Stationen. Nach einer Abwesenheit von drei Jahren, in der

diese rohen Schiffsrekruten nun Alles erlernt haben, was von
einem tüchtigen Matrosen eines Kriegsschiffes verlangt werden
kann, und in der die Leute sich kennen gelernt und zu einander Zutrauen gefaßt haben, wird das Schiff heimbeordert. Es
kehrt zurück und sobald die Matrosen den Fuß auf's Land gesetzt haben, erhalten sie ein Stück Geld auf die Hand und
werden entlassen; die ganze, jetzt see- und kriegstüchtige Mannschaft geht in alle Winde auseinander, um nie wieder zusam-
mengestellt zu werden, viele von ihnen, um nie wieder an Bord
eines Kriegsschiffes zu dienen, und so ist Mühe und Schweiß
von Jahren geradezu nutzlos gemacht. Gewöhnlich lauern in
solchem Augenblicke schon die Agenten fremder Mächte auf die
entlassenen Seeleute; es wird diesen ein höherer Sold geboten,
und bald gehen sie unter anderer Flagge wieder in See,
um möglicher Weise eines Tages gegen ihr eigenes Vaterland
alle die Fertigkeiten und Kenntnisse zu verwerthen, die ihnen
dort mit so vieler Mühe angeeignet wurden. Es ist eine nicht
zu bestreitende Thatsache, daß unter dem Sternenbanner Ameri-
kanischer Kriegsschiffe viele englische Matrosen dienen, die natürlich naturalisirte Unterthanen ihres neuen Vaterlandes, und
als solche für die Dienste Englands auf immer verloren sind.

Es tritt aus solchen Zuständen eine Greisenhaftigkeit und
ein Schlendrian der englischen Administration hervor, welche
die Grenze des Möglichen geradezu zu übersteigen scheinen. In
einem Lande, welches bei herrlichstem Flottenmateriale so bitteren
Mangel an dem nöthigen Personal leidet, welches bei jedem
unbedeutenden Kaffernspektakel gezwungen ist, seine Werbe-
stationen in Helgoland und Gott weiß wo aufzuschlagen, um
nur für hohes Handgeld Menschen, und oft was für Menschen
zu erhalten, in einem solchen Lande eine so unverantwortliche
Verschleuderung des kostbaren Elementes ausgebildeter Matrosen
und Artilleristen, und dies seit einer Reihe von Jahren, ohne
daß man nur ein einziges Mal im Parlamente diesem Unwesen

ernſtlich entgegengetreten wäre — das heißt denn doch, ſich
mit ſeinem geſunden Verſtande den eigenen Unterthanen und
dem Auslande gegenüber wenig in Reſpect ſetzen. Es muß
ein ſehr dürres Holz geweſen ſein, aus dem ſo mancher ſehr
ehrenwerthe Lord der Admiralität geſchnitzt war, daß dieſe
thörichte Handhabung der Bemannung einen dauernden Cours
in der Adminiſtration erhalten konnte, und vielleicht wird auch
für England das Mißgeſchick und Elend einer erſchütternden
Cataſtrophe nöthig ſein, um friſches Blut und friſches Leben
in die ſtockenden Pulſe ſeiner Verwaltung zu bringen.

Wir wiſſen ſehr wohl, daß dieſe unſere Anſicht nicht überall
getheilt wird, einmal weil die Phraſe von der unbeſchränkten
Meeresherrſchaft Englands allzuoft wiederholt, das „Rule Bri-
tannia" allzuoft abgeſungen worden iſt, um Zweifel an der Vor-
trefflichkeit der maritimen Einrichtungen Albions aufkommen zu
laſſen, und zweitens weil man ein gewiſſermaßen miſerables
Erſatzweſen für Heer und Flotte thörichter Weiſe für ein un-
entbehrliches Kennzeichen eines großen Handelsſtaates hält.
Auch iſt es eine ſo billige Beweisführung für die Sicherheit
Englands franzöſiſchen Gelüſten gegenüber, wenn man auf die
vergeblichen Bemühungen Napoleons I. in dieſem Punkte hin-
weiſt und behauptet, daß das, was dem großen Onkel nicht
gelingen wollte, dem Epigonen bei aller ſeiner ſonſtigen Tüch-
tigkeit nimmermehr gelingen wird. Sehr wohl! man vergißt
bei ſolcher Beweisführung nur die eine Thatſache, daß der
Dampf alle Momente für einen Seekrieg und beſonders für
einen Küſtenangriff geändert hat und was damals ein Pro-
blem, vielleicht eine Chimäre war, heute zur berechenbaren
Möglichkeit geworden iſt.

Andere glauben jeden Gedanken an eine ſolche Calamität
dadurch zu verbannen, daß ſie meinen, wenn ein Landungs-
verſuch wirklich reüſſirte, ſo würde jeder Engländer, der nur
einen geſunden Arm habe, einen Stock nehmen, und Stolz

und Patriotismus eines Aufstandes in Masse würde das Lan=
dungsheer in den Canal werfen. Wir gestehen ehrlich, daß
wir solche Aussprüche in das Gebiet nichtssagender Phrasen
verweisen und im neunzehnten Jahrhundert an keine Wunder
mehr glauben. Wir trauen der britischen Nation denselben
Elan, dieselbe stolze Begeisterung zu, wie jeder anderen, ob=
gleich die Blüthe solcher Fähigkeiten im Herzen desjenigen
Bruchtheiles der Gesellschaft, der ausschließlich im Erwerben
seinen Lebensberuf sucht und findet, durch den Mehlthau des
Materialismus wohl vergiftet und in ihrer Entwicklung ge=
hemmt sein mag; aber zugegeben, daß jeder englische Advokat,
jeder Fabrikherr und jeder Kaufmann von spartanischen Tu=
genden strotze, so wird doch heutzutage, gegenüber allen, blu=
tig genug erkauften Erfahrungen der Geschichte, wohl Niemand
mehr ernstlich daran glauben, daß Stolz und Patriotismus
einer undisciplinirten und in den Waffen ungeübten Menge
ausreichend seien, um den siegreichen Adlern eines der ersten
europäischen Heere nicht nur Stand zu halten, sondern sie so=
gar zu überwinden und zu vernichten. Wer aber hiergegen
das Beispiel von der Preußischen Landwehr im Jahre 1813
einwendet, der würde nur die Wahrheit des **omne simile clau-
dicat** beweisen; denn es waren viele Jahre nie geahnter
Schmach und tiefsten Elends nothwendig, um ihr phönix=
gleiches Erstehen aus der Asche der zerkohlten Hoffnungen
möglich zu machen, und sie wurde theilweise in bester Disci=
plin und Waffenübung gegen den Feind geführt; es lassen
sich daher die Erfolge, die sie erzielte, auch nicht annähernd
von den englischen, erst durch die äußerste Gefahr kriegerisch
gemachten Helden in der Toga erwarten, denn wenige Wochen
Aufenthalt eines Heeres auf der siegreich betretenen Küste oder
gar ein gelungener Vormarsch gegen London genügen, um dem
englischen Nationalhandel und Reichthum einen Schlag zu

verſetzen, deſſen Folgen erſt in Decennien bewältigt werden
können.

Man hält eine franzöſiſche Landung noch allzu häufig
für eine politiſche Träumerei, oder die Androhung derſelben
für ein wohlberechnetes Börſenmanoeuver; man vergißt dabei
den gewaltigen, der ganzen franzöſiſchen Nation innewohnen=
den Trieb nach Rache an dem einzig unbezwungenen Gegner
des erſten Kaiſerreiches, und mithin die grenzenloſe Popula=
rität eines ſolchen Kreuzzuges. Uebrigens ſind gegenſeitige
Küſtenbeſuche der Canalnachbarn im ganzen Mittelalter nichts
ungewöhnliches geweſen, und ſelbſt Landungen von kürzeſter
Zeitdauer waren für den heimgeſuchten Küſtenſtrich ſtets mit
den ſchwerſten Opfern verknüpft.

Die letzte Viſite in der neueren Zeit ſtattete England in
Cherbourg ab, und zwar am 5. Auguſt 1758. Nach zwei
Scheinangriffen auf das damals ſchon befeſtigte Ufer, deſſen
Werke allerdings noch durch keinen Wellenbrecher zu den ſtärk=
ſten der Welt gemacht waren, ging der wirkliche Angriff er=
folgreich vor ſich. In wenig Stunden waren die Höhen ge=
nommen und die Stadt beſetzt. Nach acht Tagen wurden die
Engliſchen Truppen wieder eingeſchifft, die dieſe kurze Zeit zu
einer wahrhaft unliebenswürdigen Aufführung benutzt hatten.
Man hatte die Hafendämme zerſtört, dreißig Kauffahrer auf
der Rhede verbrannt, alle Docks und Brücken vernichtet, die
proviſoriſchen Befeſtigungen geſprengt und geſchleift, ſämmtliche
Lebensmittel und Munitionsvorräthe, ſammt allen Geſchützen
und den Kirchenglocken mit fortgenommen, und außerdem eine
Contribution von 44,000 L. in aller Eile von den begüterten
Einwohnern beigetrieben. Wer nur im Stande iſt, die unge=
heure Kluft zwiſchen damals und jetzt flüchtig zu überblicken,
der mag einen ungefähren Schluß auf das Elend machen,
welches heute eine Landung von gleich kurzer Dauer nicht
blos auf dem heimgeſuchten Küſtenpunkte, ſondern durch die

unendlich erhöhte Wechselwirkung auch im ganzen Lande ver=
ursachen würde; und wenn so kolossale Erfolge gegen den Erb=
feind von der Gunst einer flüchtigen Stunde abhängig sind,
wer will noch mit Sicherheit behaupten, daß wir eine Lan=
dung französischer Truppen auf der englischen Südküste nicht
nächstens in Scene gesetzt sehen werden, wobei es an den
grand opéra-Requisiten, als donnernden Geschützsalven, Fan=
faren und bengalischem Brillantfeuer, sowie an den erforder=
lichen laconischen Telegrammen und schwülstigem Moniteur=
bülletins nicht fehlen wird.

Von sachverständiger Seite wird der Erfolg eines solchen
Unternehmens in Hinblick auf die großartige Thätigkeit eng=
lischer Geschützverbesserer in Frage gestellt, unter der begrün=
deten Anführung, daß tactische Manoeuver lange nicht in dem
Grade wie die Kanone bei Entscheidung von Seegefechten —
und Schlachten mitsprechen werden. Wir geben letzteres gern
zu; so weit aber eine geschickte Seetactik noch von Einfluß ist,
wollen wir nicht vergessen, daß die Franzosen als Tactiker zu
Wasser und zu Lande einen hohen Ruf genießen, und daß die
meisten englischen Werke über dieses Süjet mehr oder weniger
Ueberseßungen von französischen Originalen sind. Wir erin=
nern hier an Paul Hoste's tactiques navales, an Bourde de
Villehuit, an M. de Moroques, den Viscomte von Grenier,
und an des Grafen Bouet Willaumez „Batailles de Mer;"
sie alle waren auf dem theoretischen Gebiete des Seekrieges
die Lehrmeister der Engländer; und als Original und aus=
schließlich die Schlacht „unter Dampf" besprechend, möchten
wir nur das Werk des berühmten Artilleriegenerals **Sir Howard Douglas** nennen, betitelt: „Naval Warfare under
Steam," 1858.

Was nun aber die Verbesserung des Geschützes anbe=
trifft, so ist es geradezu unrichtig, wenn man hierin den Eng=
ländern auch nur eine Pferdelänge Vorsprung zuerkennt. Wir

können hier unmöglich die Details, die theilweise noch Ge-
heimnisse sind, über die Kanone von **Armstrong, Warry, Whit-
worth, Horsfall** und des Capitain **Blakely** anführen; auch
müssen wir uns begnügen, des gewiß sehr verdienstvollen Capitain **Norton** nur Erwähnung zu thun, der eine sehr proble-
matische Erfindung des „liquid fire" bekannt machte und die
Anwendung von bolzenähnlichen Projectilen, die mit einer
Stahlspitze versehen sind, bringend anempfahl. Alle diese Er-
findungen und Verbesserungen bewegen sich in derselben Strö-
mung; man will bei möglichst leichtem Material und bei ge-
ringster Ladung die größte Schußweite und die höchste Per-
cussionskraft, verbunden mit größter Trefffähigkeit erreichen. So
epochemachend die Erfindung eines solchen idealen Geschützes
wäre — denn die bis jetzt gefertigten sind in dem einen oder
anderen Punkte noch immer mangelhaft — so scheint uns doch
ein Hauptziel der speculativen Thätigkeit bis jetzt in England
allzu wenig berücksichtigt, nämlich die Fähigkeit schnellster Bedienung. Wie groß auch der Schußbereich der Schiffsgeschütze
sein mag, es will uns dünken, daß man in den Seeschlachten
der Zukunft doch immer suchen wird, dem Gegner auf den
Leib zu rücken, da die Treffsicherheit auf weite Entfernungen
durch die ununterbrochene Bewegung des Schiffes allemal be-
deutenden Abbruch erleidet. In nächster Nähe aber wird es
darauf ankommen, dem Feinde bei gleicher Gefechtsdauer die
meisten Breitseiten in die Rippen des Schiffes zu senden;
denn denken wir uns zwei gleich armirte Fregatten im Enga-
gement, und die eine erhält in der Zeit, in der sie einmal
feuert, immer dreimal den eisernen Gruß einer Breitseite er-
widert, so ist es nicht schwer zu bestimmen, welches von beiden Fahrzeugen zuerst außer Gefecht gesetzt und die Beute des
Siegers sein wird.

Daß man mit der Trefflichkeit der Feuerwaffe allein, ohne
Berücksichtigung der Schnelligkeit, mit der sie wieder und im-

mer wieder Verderben speit, nicht auskommt, das ist auch für
die Handfeuerwaffen in zahlreichen Gefechten auf festem Lande
bis zur Evidenz erwiesen worden. Wenn wir auf die Erschei=
nungen des letzten Italienischen Krieges blicken, so drängt sich
uns mit Recht die Frage auf: wird es den gegen eine mit
Zündnadelgewehren gespickte Position anstürmenden französi=
schen Tirailleurschwärmen, die eine entschieden schlechtere Waffe
führen, gelingen, trotz des tausendfach, sicher entsendeten Ha=
gels von tödlichem Blei, im ersten Anlaufe die Position zu
forciren und den Vertheidiger blos mit Hülfe eines inferna=
lischen Turcos=Kriegsgeheuls cavalièrement aus seiner Stellung
zu werfen? —

Wir wiederholen es und legen Nachdruck darauf, die
Präcision und Schnelligkeit, mit der die Feuerwaffe bedient
ist, wird in künftigen Seeschlachten allein die Entscheidung her=
beiführen, und in der Erreichung dieser Vortheile für das Ge=
schütz hat Frankreich überraschend viel gethan. Vor allem ist
Frankreich der Messias, der in fast allen europäischen Heeren
das Evangelium der gezogenen Kanone mit Erfolg gepredigt
hat, und mit wie großer Vorsicht auch solche Neuerungen auf=
genommen werden müssen, so ist wohl jetzt der gewaltige Ein=
fluß dieser neuen Waffe außer Zweifel gestellt. Frankreich be=
sitzt mehrere Tausende dieser gezogenen Geschütze, und die
Kaiserlichen Stückgießereien sind mit dem Gusse von anderen
Tausenden unaufhörlich beschäftigt, welche letzteren nur für
Marinezwecke bestimmt sind. Eine große Zahl von Artillerie=
Offizieren ist nach La Fère commandirt, um dort in der Be=
handlung dieser neuen Waffe unterrichtet zu werden. Bei
gleicher Pulverladung entsendet die französische gezogene Ka=
none ein Projectil von doppeltem Gewichte auf die dreifache
Distance, ein Resultat, das durch vielfache in Vincennes ge=
machte Versuche festgestellt worden ist. Eine Vergleichung der
englischen und französischen Caliber weist übrigens ebenfalls

für Frankreich den Vortheil eines etwas größeren Gewich=
tes nach.

Je verheerender die Geschützwirkung ist, um so wider=
standsfähiger müssen die Schiffswände sein, wenn eben jener
Wirkung begegnet werden soll; dieser einfache Ideengang
brachte Frankreich darauf jene berühmten **frégates blindées**
oder Eisenpanzerschiffe zu bauen, die so viel von sich reden
machen und von denen man sich so große Erfolge verspricht.
Schon im Jahre 1855 besaß der Kaiser fünf mit der Schraube
versehene schwimmende Batterien, deren jede 18 Fünfzigpfünder
führt und 225 Pferdekraft hat; sie heißen **Congreve, Dévastation,
Foudroyante, Lave** und **Tonnante**. Die Kraft der Schraube
ist, wie man sieht, beschränkt, aber hinreichend, um diese eigen=
thümlichen Schiffe im Gefechte von Ort zu Ort zu bewe=
gen; da sie aber eine Geschwindigkeit von nur drei Knoten in
der Stunde besitzen, so werden sie auf der Fahrt von anderen
Dampfern ins Schlepptau genommen. Drei dieser Batterien
waren vom Schicksale auserlesen, ihrem Erbauer in seltenem
Grade Ehre zu machen. Am 14. October 1855, früh 9 Uhr,
eröffneten die **Dévastation, Lave** und **Tonnante** ihr Feuer ge=
gen die russische Festung **Kinburn,** nachdem sie auf eine Di=
stance von 1200 Schritten an die Werke herangedampft waren. In einer Stunde und 25 Minuten war der Feind zum
Schweigen gebracht, fast alle seine Artilleristen getödtet, die
Geschütze demontirt und die Brustwehren theilweise zerstört,
während die schwimmenden Batterien verhältnißmäßig nur
geringen Verlust gehabt hatten und durchaus flott geblieben
waren.

Die Nachricht von diesem Ereignisse machte bei der fran=
zösischen Admiralität kein geringes Aufsehen, so untergeordnet
auch seine politische Bedeutung war, und es scheint jetzt fest=
gestellt, daß man gegen Küstenbefestigungen aller Art und
hauptsächlich gegen steinerne Forts sich immer dieser Batterien

bedienen wird, da die großen Linienschiffe wegen ihres bedeu=
tenden Tiefganges gewöhnlich von allen Operationen an der
Küfte ausgeschlossen bleiben müssen.

Es entstand aber jetzt die Frage, ob man gepanzerten
Fahrzeugen nicht eine bessere Form, die sie manoeuvrirfähiger
mache, geben könne, und so kam man auf die Idee der frégates blindées. Der Originalgedanke, Schiffe mit Eisen zu
panzern, rührt gleichwohl nicht, wie man allgemein annimmt,
von Napoleon III. her, sondern von einem Capitain der französischen Flotte, der schon vor 25 Jahren vorschlug, alle höl=
zernen Schiffe mit zusammengesetzten Platten aus Eisen in der
Dicke von 14—15 Centimeter zu bekleiden. Ein ähnlicher
Vorschlag wurde unter anderen schon vom General Paixhans
gemacht; aber der erste, der diese Idee practisch realisirt, war
ein berühmter Dampfschiffbaumeister in New=York, Namens
Stevens, der vor ungefähr zehn Jahren dem Herrn Scott
Russel die Resultate zahlreicher Experimente mittheilte, die auf
Veranlassung des Amerikanischen Gouvernements in der Ab=
sicht gemacht worden waren, die Widerstandskraft von Eisen=
oder Stahlplatten gegen den Kanonenschuß zu ermitteln.
M. Lloyd von der Englischen Admiralität schlug 4 Zoll Dicke
für die Platten vor, etwas mehr als der Kaiser empfiehlt.
Die französischen schwimmenden Batterien, sowie die englischen,
die bald nach diesen erbaut wurden, sind nach Lloyd's An=
gabe gepanzert. Durch neuerdings gemachte Versuche ist in=
dessen ziemlich festgestellt worden, daß die Eisenpanzer, sie mö=
gen nun diesem oder jenem Prinzip gemäß sein, nur gegen
Hohlgeschosse wirksam sind; schwere Vollkugeln aus Eisen oder
Stahl haben bei allen Versuchen die dickften Panzer durch=
drungen, selbst auf beträchtliche Entfernungen. Ein Engländer
Reeds schlägt neuerdings vor, nur das Mitteltheil des Schiffes zu panzern, und es vom Vorder= und Hintertheil durch
starke, wasserdichte Abschnitte zu trennen, damit, wenn auch die

Extremitäten des Schiffes im Gefechte stark leiden, wenigstens das Fahrzeug selbst flott bleibe und der Mannschaft noch Schutz gewähre.

Die vier französischen Eisenpanzer-Fregatten folgen in allen Linien und Dimensionen dem **Napoléon**, einem der schönsten und besten Schiffe der französischen Flotte; sie führen jede 36 Kanonen und der Panzer ist 11 Centimeter, ungefähr $4\frac{1}{4}$ Zoll stark. Alle vier sind Fregatten zweiten Ranges, ihre Maschinen haben aber jede 900 Pferdekraft, und so gehören diese Schiffe in die Categorie der Schnellsegler oder vielmehr Schnelldampfer. Sie heißen **La Ville de Lyon**, deren Bau schon im Jahre 1855 in Brest begonnen wurde, **La Gloire, L'Invincible** und **La Normandie**, welche drei letzteren seit 1858 in Toulon in Angriff genommen wurden. Ihre Brauchbarkeit ist noch durch keinen praktischen Erfolg festgestellt, jedoch erwartet man von ihnen Wunderdinge, und ihr Bau erregt in England so viel Aufsehen, daß man daselbst Anstalten trifft, ebenfalls dergleichen Schiffe zu construiren. Vor kurzer Zeit hat der Kaiser, um das Gedächtniß an den glänzenden italienischen Feldzug von 1859 zu ehren und zu erhalten, den Bau von noch zwei anderen Eisenschiffen befohlen, welche die Namen Magenta und Solferino führen werden.

Wenn wir in allen bisher besprochenen französischen Experimenten und Unternehmungen den rothen Faden eines bestimmten Zweckes, nämlich ein England ebenbürtiger Concurrent auf dem Weltmeere zu werden, verfolgen können, so wird uns der frühe oder späte feindliche Zusammenstoß beider Mächte noch unvermeidlicher erscheinen, wenn wir ihre Flotten, so wie sie die Listen vom April 1859 nachweisen, vergleichen. Die französische Flotte hat in den letzten zehn Jahren einen so colossalen Aufschwung genommen und die Zahl ihrer Schiffe aller Arten so unverhältnißmäßig vergrößert, daß man an die Worte des Carlos, freilich in anderem Sinne, erinnert wird:

3 *

„Hier, — siehst du zwei feindliche
Gestirne, die im ganzen Lauf der Zeiten
Ein einzig Mal in scheitelrechter Bahn
Zerschmetternd sich berühren."

Ziehen wir nur die Schraubendampfer in Betracht, die
in Zukunft allein berufen sein werden, Schlachten zu liefern
und die ebenfalls den Hauptfaktor bei einem etwanigen Lan=
dungsversuche bilden, so sehen wir mit Staunen, daß sich beide
Flotten beinahe ganz gleich sind; nur an Kanonenbooten be=
sitzt England ungefähr das Fünffache der französischen Stärke.

Wir werden in der folgenden genauen Classificirung dem
sehr verdienstvollen und gewissenhaften Werke Busk's folgen,
sowie wir denselben für alle unsere Zahlenangaben in dieser
Besprechung als Gewährsmann nehmen.

I. Summarische Uebersicht der Königlichen englischen Dampfer-Flotte vom April 1859.

1) 36 Schraubenlinienschiffe mit 3374 Kanonen.

Darunter der im mittelländischen Meere stationirte
Marlborough, 131 Kanonen, 800 Pferdekraft, 4000
Tonnengehalt und über 11 Seemeilen per Stunde
Geschwindigkeit.

2) 9 Küstenwacht= und Blockschiffe mit der Schraube und
540 Kanonen.

Diese Schiffe sind sämmtlich zwischen 40 und 50
Jahre alt und haben eine theilweise sehr geringe
Pferdekraft.

3) 19 Schraubenfregatten mit 813 Kanonen.

Sie sind fast alle neu, in den fünfziger Jahren
vom Stapel gelaufen. Darunter der **Mersey**, 40 Ka=
nonen, mit 1000 Pferdekraft, erst im Jahre 1858
erbaut; seine Station ist Portsmouth; Geschwindig=
keit $13\frac{1}{4}$ Seemeile per Stunde.

4) 14 Schraubencorvetten mit 293 Kanonen.

Sämmtlich neu; letztes Baujahr 1858. Darunter Pearl, 21 Kanonen, 400 Pferdekraft; Geschwindigkeit über 11 Seemeilen per Stunde; Station Ost-Indien und China.

5) 33 Schraubenschaluppen mit 349 Kanonen, und einer Pferdekraft, die sich zwischen 60 und 400 bewegt.

Sie sind über die ganze Erde zerstreut, und in ihrem Tonnengehalte ebenfalls äußerst verschieden. Die Viper, 4 Kanonen, 160 Pferdekraft und 477 Tonnengehalt, dampft beinahe 12 Seemeilen per Stunde an der Westküste Afrika's.

6) 95 Schaufelrad-Dampfer der verschiedensten Art und Armirung; nämlich:

9 Fregatten mit 169 Kanonen;

7 Corvetten mit 42 Kanonen;

61 Schaluppen mit 293 Kanonen, und

18 Schleppschiffe, nur theilweise armirt.

Wenngleich diese Fahrzeuge hier und da recht gute Dienste leisten, so bleibt ihre Bedeutung als Schaufelrad-Dampfer doch untergeordneter Art, denn das Schaufelrad ist ein für allemal für Marinezwecke verbannt, und die Schraube führt die alleinige Herrschaft zur See.

7) 21 Schrauben-Kanonenschiffe mit 93 Kanonen.

Sie haben fast alle eine sehr große Geschwindigkeit.

8) 4 Schrauben-Mörserschiffe mit 48 Geschützen.

9) 8 schwimmende Batterien mit der Schraube und 120 Kanonen.

Die Geschwindigkeit derselben ist, wie schon oben entwickelt wurde, sehr gering; sie sind alle, mit Ausnahme des in Bermuda stationirten Terror, im Canal.

10) 6 Schrauben-Transportschiffe mit 68 Kanonen.

> Das kleinste, **Perseverance**, 2 Kanonen, zum Par-
> tikulardienst.

11) 9 Schrauben-Ammunitions- und Proviantschiffe.

12) 10 Schaufelrad-Tenderschiffe, à 1 — 3 Kanonen.

13) 8 Yachten.

> Darunter die bekannte **Victoria and Albert**, in Ports-
> mouth stationirt, 2 Kanonen, 600 Pferdekraft, und
> 18 Seemeilen per Stunde Geschwindigkeit.

14) 161 Schrauben-Kanonenboote, à 2 — 4 Kanonen, und
zwischen 20 und 60 Pferdekraft.

Man kann die Summe der Fahrzeuge der Dampferflotte
auf 432 Schiffe aller Arten mit mindestens 6693 Kanonen
angeben.

Hierzu kamen noch die im April 1859 auf den Werften
befindlichen, theils im Bau begriffenen, theils für die Schraube
herzurichtenden Schiffe, von denen ungefähr ein Drittel im
verflossenen Jahre fertig geworden ist.

Auf den Werften von **Pembroke, Portsmouth, Devonport,
Chatham** und **Woolwich** befanden sich:

a) 12 Schraubenlinienschiffe mit 1225 Kanonen. Darunter
Prince of Wales, 131 Kanonen, 800 Pferdekraft, und
Victoria, 121 Kanonen, 1000 Pferdekraft.

b) 7 Schraubenfregatten mit 303 Kanonen, von denen fünf
Ende 1859 fertig werden sollten.

c) 12 Schraubencorvetten mit 206 Kanonen.

Außerdem war im April 1859 der Neubau von 4 Schiffen
mit 254 Kanonen befohlen.

Rechnen wir die im Bau befindlichen und neu zu er-
bauenden Schiffe, von denen aber wohl einige erst 1861 vom
Stapel laufen werden, zu dem Etat vom April 1859 hinzu,
so dürfte die Königliche Schraubendampfer-Flotte in diesem
Jahre 467 Schiffe mit 8681 Kanonen stark sein. Hingegen

geben Schrauben= und Schaufelrad=Dampfer zusammen ein Total von 530 Fahrzeugen.

Wir bemerken schließlich noch, daß **Busk** die Segelflotte auf 221 Fahrzeuge angiebt, wodurch er eine Totalsumme von 751 Schiffen für die Königliche Flotte erhält. Es soll wohl aber durch diese Zahlenangaben nur die Eitelkeit seiner Lands= leute befriedigt oder das Staunen anderer Länder erregt wer= den; vielleicht hat er es in Folge seiner großen Gewissenhaftig= keit auch für seine Pflicht gehalten, die ältesten, miserablen, durchaus nicht mehr seetüchtigen Segelschiffe dennoch mitzuzählen. Wir bitten den geneigten Leser, sich nur an die Zahl der Schraubendampfer zu halten, denn von den 43 Linienschiffen unter Segel, die **Busk** alle mit Namen aufführt, sind einige schon im Jahre 1804 erbaut, und höchstens noch 13 seetüchtig zu nennen. Aber auch diese wenigen, noch seetüchtigen Segel= schiffe werden natürlich von Jahr zu Jahr schlechter und hin= fälliger, und in kurzer Zeit dürfte bei Entscheidung militärisch= maritimer Fragen die Anzahl von Segelschiffen gar nicht mehr mitsprechen; sie dienen höchstens noch als Schulschiffe, Trans= portschiffe, Kasernen und zu Schießübungen.

II. Summarische Uebersicht der Kaiserlichen französischen Dampfer=Flotte vom April 1859.

1) 37 Schraubenlinienschiffe mit 3380 Kanonen.

> Von ihnen waren im April a. p. 30 complett, drei sollten eben ihre Maschinen erhalten, und vier waren noch im Bau begriffen. Darunter **La Bretagne,** 130 Kanonen, Linienschiff erster Klasse mit 1200 Pferdekraft, im Winter 1855 in Brest vom Stapel gelaufen.

2) 61 Fregatten mit 1360 Kanonen.

> Darunter sind 38 Fregatten mit der Schraube, 19 mit Schaufelrädern und 4 sind Eisenpanzer=Fre=

gatten, über die wir oben schon näheres mitgetheilt haben. Die französischen Schraubenfregatten sind vielleicht die schönsten und schnellsten Schiffe der Welt; eine derselben ist L'Impératrice Eugénie, Schiff erster Klasse, 58 Kanonen, 800 Pferdekraft, 1856 in Toulon vom Stapel gelaufen.

3) 20 Corvetten mit 175 Kanonen.

Neun von ihnen haben die Schraube, neun noch Schaufelräder; zwei befanden sich im April a. p. noch auf der Werft in Lorient und Cherbourg. Nennenswerth ist Le Duchayla, 16 Kanonen, 400 Pferdekraft; Schiff und Maschinen sind in Lorient gefertigt; La Reine Hortense, 4 Kanonen, 320 Pferdekraft, in Havre aus Eisen gebaut.

4) 67 Briggs und Aviso=Dampfer mit 234 Kanonen, und einer summarischen Pferdekraft von 11,185.

Darunter Le Caton, 4 Kanonen, 260 Pferdekraft, ganz aus Eisen gebaut.

5) 8 Schrauben=Kanonenschiffe mit 25 Kanonen.

Sie sind alle acht in Toulon gebaut und mit Maschinen aus Marseilles versehen, und liefen alle 1855 vom Stapel.

6) 5 schwimmende Batterien mit der Schraube und 90 Kanonen.

Sie sind 1855 vom Stapel gelaufen; ihrer Thätigkeit vor Kinburn haben wir schon gedacht.

7) 47 Transportdampfer mit 184 Kanonen.

Sie haben zum großen Theil die Hülfsschraube, und führen im Mittel 4 Geschütze; einige sind aus Eisen.

8) 20 Schrauben=Kanonenboote mit 62 Kanonen.

Noch ist zu bemerken, daß voriges Jahr der Bau von 20 neuen Schrauben=Transportschiffen befohlen und begonnen worden ist, von denen jedes fähig ist 2500 Mann, 150 Pferde und 1200 Tonnen Munition und Proviant am Bord zu nehmen.

Man kann sich denken, wie niederdrückend diese Nachricht in England wirkte, und allerdings läßt sich für diese Schiffe, wenn man Algérien einmal außer Acht lassen will, kaum ein anderer Zweck finden, als mit ihrer Hülfe ein Invasionsheer zu gelegener Zeit über den Canal zu schicken.

Die Summe aller Fahrzeuge der Kaiserlichen Dampferflotte beträgt 265 mit 5500 Kanonen und 77,820 Pferdekraft.

Die Segelflotte zählt 100 Schiffe mit 2922 Kanonen; mehrere von diesen, z. B. drei Linienschiffe ersten Ranges, werden für die Schraube eingerichtet.

Die Totalsumme der Kaiserlichen Flotte beträgt mithin 449 Schiffe mit 8422 Kanonen.

Wenn wir bei Vergleichung der beiden Flotten die Segelschiffe ganz unbeachtet lassen, und dem Umstande, daß England das Fünffache an Kanonenbooten besitzt, nur eine untergeordnete Bedeutung einräumen können, so erhalten wir das überraschende Resultat, daß Frankreich durch unermüdliche Thätigkeit und wahrhaft staunenswerthe Leistungen seiner Werften seine Dampferflotte auf einen fast gleichen Fuß mit der englischen gebracht hat, ja, daß es an großen Schiffen augenblicklich eine Art Uebergewicht beanspruchen kann, indem es auf 36 englische Linienschiffe 37, und auf 18 englische Schrauben- und Raddampfer-Fregatten 61 solche besitzt.

So viele Bedenklichkeiten diese Thatsache an für sich hervorzurufen im Stande ist, so muß englischerseits ein noch peinlicheres Vorgefühl aus der Betrachtung entspringen, daß der französische Handel dem englischen durchaus untergeordnet ist, und daß daher die Entwicklung der französischen Kriegsmarine in so gewaltiger Ausdehnung nicht blos den Schutz des Handels sichern will, sondern irgend einen noch nicht ausgesprochenen ehrgeizigen Zweck im Auge haben muß. Großbritannien hat einschließlich seiner Canalinseln und überseeischen Besitzun-

gen eine Handelsmarine von 37,088 Dampf= und Segelschiffen;
die französische Handelsmarine zählt nur 15,175 Schiffe; die
englische Handelsflotte hat einen Tonnengehalt von über fünf
und eine halbe Million; die französische nur eine Million und
zwei und fünfzig Tausend. Stellt man mit dieser Handels=
proportion die beiden Kriegsmarinen zusammen, so entsteht ein
Mißverhältniß, das seine Ausgleichung durchaus in der Rea=
lisirung eines ehrgeizigen Planes suchen und finden wird; sollte
in der Zukunft Frankreich mit diesem Plane Schiffbruch leiden,
so werden wir auch sehen, wie es nothwendiger Weise auf
einen geringeren Marine=Etat herabsteigen wird. An die letz=
tere Möglichkeit denkt freilich heutzutage kein Mensch in Frank=
reich; viel eher ans Gegentheil.

Sollte es immer noch Ungläubige geben, die sich durch
diese Beweisführung nicht überzeugen lassen, so rufen wir ihnen
nur noch die wenigen Worte zu, daß ein Staat, dessen Finan=
zen **tant soit peu** brouillirt sind, unmöglich Milliarden für ein
Kriegsmaterial ununterbrochen ausgeben wird und ausgeben
kann, wenn er nicht längst über die Verwendung dieses Ma=
terials einen bestimmten Entschluß gefaßt hat. Diesen Syllo=
gismus macht jeder **gamin** in Paris; alle Welt ist auf irgend
einen Coup gegen England seit Jahren vorbereitet und ge=
spannt; und eine vom Zaune gebrochene Kriegserklärung gegen
das „treulose Albion" würde die Gemüther der Pariser weit
weniger überraschen, als ein durch Broschüren und Neujahrs=
gratulationen lange vorher angekündigter Italienischer Feldzug.

Es ist wahr, der Kaiser hat beim Neujahrsempfang in
den Tuilerien friedlich gesprochen und nur die mit den Zähnen
klappernde Gesellschaft der Pariser Börsen=Leute will wissen,
daß er die Worte, „so viel von mir abhängt", so gar eigen=
thümlich betont und hervorgehoben habe; wir gestehen aber,
daß wir die Leute, deren politisches Barometer durch den Druck
solcher Reden beeinflußt wird und je nach der Schwere der

Worte auf Sturm oder gutes Wetter deutet, nicht zu den
allerscharfsinnigsten Köpfen rechnen. Es ist mit solchen Reden
wie mit den Orakeln des Delphischen Apollo: sie lassen die
verschiedensten Deutungen zu; oft sollen sie gar nichts sagen,
und sind nur eine zufällige Mosaik stereotiper Redensarten, die
man dem Hörer um die Ohren klingelt, denn „gewöhnlich
glaubt der Mensch, wenn er nur Worte hört, es müsse sich
dabei doch auch was denken lassen." Das „si vis pacem para
bellum" ist ebenfalls bis zum Ekel wiederholt worden, und
jede eroberungssüchtige oder wenigstens feindselige Rüstung wird
damit entschuldigt; es ist nichts anderes als jene abgestandene
Phrase „l'empire c'est la paix," die Kaiser, Minister und Prä=
fekten ohne Unterlaß im Munde führten — sie hört sich gut
— sie ist ein scharf pointirtes Schlagwort — aber es ·glaubt
Keiner mehr daran, am wenigsten der eigene Autor. L'empire c'est la paix! das war das Grundthema, das seiner Zeit
der Moniteur durch alle Tonarten variirte, um das ängstlich
träumende Europa in festeren Schlaf zu singen; und l'empire
c'est la paix! so hieß das Feldgeschrei, mit dem bald darauf
französische Truppen dem Großsultan einen Besuch machten,
mit dem der alte Malakof eingedonnert wurde, mit dem man
vor Kinburn die wackeren Fünfzigpfünder der schwimmenden
Batterien spielen ließ, mit dem man bei Magenta und Sol=
ferino dem Mars zahllose Hekatomben schlachtete. Eine Flotte
und ein Heer, wie sie das Kaiserreich hält, muß beschäftigt
werden, und ein von der englischen Küste siegreich zurückge=
kehrtes Invasionsheer würde einen prächtigen Einzug in die
Lutetia halten und grand-, petit- und demi-monde auf die
Beine bringen.

Man urtheilt so nicht blos in London, sondern in Paris
selbst; das beweisen vielfache Aussprüche von Parisern, die in
dem Uebermuthe der Landarmee und ihrem Degout vor jeg=
lichen Friedensverhältnissen die traurige Garantie eines neuen

Krieges sehen. Die Literary Gazette vom September 1859 enthält die Mittheilung eines Pariser Correspondenten, die darüber ein klares Licht verbreitet; wir lassen dieselbe hier wörtlich folgen:

„Sind Turcos und Zouaven schon fürchterlich gewesen, als sie nach Italien ausmarschirten, so sind sie nach ihrer glorreichen Rückkehr noch viel fürchterlicher geworden. Das Lager von St. Maur bei Vincennes bietet ein Schauspiel unerhörten Frevels und gänzlichen Mangels an Mannszucht dar. Es werden hier täglich und stündlich die ärgsten Ausschweifungen einer in Feindes Land fouragirenden Armee begangen. Die Gutsbesitzer und Bauern an den Ufern der Marne flehen vergeblich den Schutz der Gesetze für Leben und Eigenthum an, die fortdauernd durch diese Prätorianen bedroht sind. Die befehlshabenden Offiziere vermögen nichts mehr über diese trunkene Bande; ja oft genug wird ihnen von ihren nächsten Untergebenen gerathen, sie möchten sich doch nicht in Dinge mischen, die sie nichts angehen. Schuld an allem ist, daß man in diesen Leuten den Hochmuthsteufel geweckt, indem man ihnen lange genug gesagt hat, sie seien die ersten Soldaten von Frankreich. Schon während des Krieges in Italien war ihre Aufführung unerträglich und der Armée d'Italie wahrhaft zur Schande gereichend. Sie halten sich für die eigentliche Elite-Truppe und blicken auf die Anderen, auf Garde sowohl als Linie, wahrhaft verächtlich herab. Das bürgerliche Pack wird erst gar nicht beachtet und der bourgeois von Paris ist ihnen nichts als ein contribuable, gerade so, wie es ihnen der bourgeois von Mailand und Brescia war, der dem Himmel auf den Knieen dankte, als ihn diese seine Befreier endlich verließen. Der Pariser bourgeois ist inzwischen nichts weniger als geneigt, sich auf diese Weise von der halbafrikanischen Soldateska mißhandeln zu lassen. Es ist bereits zu ernsten Mißhelligkeiten gekommen und noch ernstere dürften bevorstehen. Sehr natürlich ist daher auch die Frage: was mit dieser zuchtlosen Bande anfangen? In welchen Canal läßt sich die furiose Energie dieses alle Dämme durchbrechenden Elementes ableiten? Wie ist der Friede verträglich mit einem Feldlager, das seine Macht kennt und fühlt und das, wenn nicht im Auslande beschäftigt, sehr bald im Lande selbst einen Krieg hervorrufen möchte?"

Man hört in diesen Worten den gereizten **bourgeois**; aber wenn wir auch die übertriebenen Ausdrücke dieser characteristischen Correspondenz auf ihr richtiges Maaß zurückführen, so bleibt zu der Ueberzeugung Grund genug vorhanden, daß sich die Flamme des Ehrgeizes, die im Herzen des wehrhaften Theiles der Nation lichterloh lodert und der durch die **gloire** des letzten Feldzuges neuer Sauerstoff zugeführt worden ist, durch kein Kunststück diplomatischer Kabbala besprechen lasse, daß sie vielmehr über kurz oder lang ins Ausland getragen werden muß, wenn sie nicht das eigene Haus anzünden soll.

Bevor wir das Capitel der Flotten verlassen, bitten wir den Leser, mit uns noch einen Blick auf die Anker der englischen Flotte zu werfen. Wir hatten oben der englischen Verwaltung in manchen Punkten einen gewissen Schlendrian vorgeworfen und leider wird dieser Vorwurf durch die vielbesprochene Ankerangelegenheit, die in London und im Parlamente einiges Aufsehen gemacht hat, nur allzusehr bestätigt. **Busk** theilt uns mit, daß im Jahre 1852 von der Admiralität ein Comité ernannt wurde, um sieben Ankerproben, welche der Regierung vorlagen, nach ihrem Werthe und ihrer Brauchbarkeit zu untersuchen; das Comité machte im Jahre 1853 seinen Bericht, worin nach gewissenhafter Prüfung die Anker der Königlichen Flotte als die schlechtesten und theuersten, die Trotman'sche Probe aber als die beste und billigste anerkannt wurde. Nichtsdestoweniger sind die Anker der Admiralität noch heute bei der Flotte in Gebrauch, zum Nachtheil der Flotte, zum pecuniairen Nachtheil des Landes, und zum Vortheil eines einzigen In-

dividuums, welches seit 1841 contractmäßig alleiniger Anker-
lieferant der Marine ist. Die materielle Seite dieser Frage
ist nicht ohne Bedeutung, denn die Admiralität zahlt im Mittel
jährlich 350,000 Thaler für Anker, und man kann die auf
diese Art im Laufe von sieben Jahren verschleuderte Summe
berechnen, wenn man erfährt, daß ein Anker von 100 Cent-
nern, der nach Londoner Marktpreis heute mit 150 L. be-
zahlt wird, die Admiralität contractmäßig 365 L. kostet.

In einem Londoner Correspondenz-Bericht des Magazins
für die Literatur des Auslandes wird diese Schöppenstädter
Geschichte ebenfalls und zwar in humoristischer Weise bespro-
chen, und dabei mitgetheilt, daß Sir John Pakington auf
Veranlassung des Parlaments einige praktische Marineoffiziere
um ihr Urtheil über diese Sache gefragt habe; nach der **Illu-
strated Times** hätten nun diese praktischen Marineoffiziere, die
drei bis vier „alte Knickstiebels" gewesen wären, die Sache
bei einer Flasche alten Port etwa so entschieden: „Hör',
Bowline, Sir John braucht zu wissen, was wir von diesen
neumod'schen Ankern halten. Ihr habt sie gesehn, natürlich."
— O gewiß und thu' sie nicht lieben. Bin 'n alter Kerl,
siehst'e und thu' neumod'sche Dinge nicht lieben. Wir hatten
nichts Neumod'sches, als ich noch auf'm Wasser war. Und
doch, wir thaten wohl, Grampus, nicht? Aber was denkst
Du davon, alter Junge? Du hast etwas Dienst gesehn" —
„Unell, mit Dir, denk' ich. So stoß' mir die Bulle her, und
hier ist 'n Toast: Alte Freunde! Alte Zeiten! Alter Port!"
— „Von ganzem Herzen, und Du sag' nun dem Sir John,
daß wir als praktische Leute entscheiden: die alten Anker sind
die besten. Vergiß nicht zu sagen praktische, Grampus!" —
Dieser Dialog ist amüsant genug und wir fügen hinzu: **Honni
soit qui mal y pense!** —

Es ward schon erwähnt, daß beide rivalisirende Staaten
unablässig bemüht sind, ihre Flotten durch den Umbau noch

brauchbarer Segelschiffe zur Aufnahme der Schraube und durch
den Neubau von Fahrzeugen aller Arten zu vermehren; es
finden daher auf allen Werften, in allen Häfen, Magazinen,
Maschinenfabriken u. s. w. tausende und aber tausende von
Arbeitern eine ununterbrochene Beschäftigung. Mit eifersüchti-
gem Blicke sieht aber England, daß hinsichts des für den
Schiffsbau geeigneten Raumes Frankreich über einen größeren
Flächeninhalt verfügt; es beträgt derselbe für England 582,
für Frankreich mindestens 800 englische Acres. Um auch hierin
der Londoner Eitelkeit zu schmeicheln und den Schreihälsen
Sand in die Augen zu streuen, hat der **Surveyor of the Ad-
miralty** in einem neulich veröffentlichten Berichte bei Gelegenheit dieser Abschätzung St. Mary's Island mit einem Werft-
areal von 284 Acres mitgezählt, welches aber nach **Busk's**
Erklärung für den bezeichneten Zweck durchaus ungeeignet ist.
Frankreich besitzt ferner 76 Werftschlippen und 24 Docks —
England 34 Docks, aber nur 44 Werftschlippen. Von diesen
letzteren sind nur neun für Schiffe ersten Ranges geeignet, und
von 32 fertigen Docks nicht weniger als 28 unfähig, große
Fahrzeuge aufzunehmen; es müssen daher mehrere Schlippen
und Docks erweitert werden, wenn sie mit den Anforderungen
der Flotte gleichen Schritt halten sollen. Welche Ausgaben
entstehen aber wieder hierdurch für England! Es sind für
neue Anlagen dieser Art im Finanzjahre 1858/1859 circa vier
Millionen Thaler verlangt und eben so viel beträgt im Durch-
schnitt der Jahresetat für Maschinen; es ist aber gar nicht
abzusehen, daß in diesen und anderen Posten in Zukunft Ver-
minderungen möglich sein werden, wenn England seine bean-
spruchte Suprematie zur See nur einigermaßen aufrecht erhalten will. Schon die größere Zahl der im Dienste stehenden
Schiffe bedingt einen höheren Bedarf von Schiffsbauholz für
Reparaturen, von Segeln, Spieren, Takelwerk u. a. m.; nun
sind aber die Schiffe selbst größer und stärker geworden, und

dadurch auch die laufenden Unterhaltungskosten vermehrt, denn während vor zehn Jahren das größte Schiff der Königlichen Flotte 210 Fuß lang war, hat dieselbe jetzt mehrere von 350 Fuß Länge. Hierzu kommt, daß der Dampf die treibende Kraft dieser Schiffe ist, daß aber die Anwendung von Dampf unabänderlich begleitet ist von Maschinenreparaturen, Dampf- kesselergänzungen, und Kohlenverbrauch — und das an Kohlen überreiche England stöhnt jetzt schon unter der Kohlenrechnung der heimischen Häfen, während dieses kostbare Brennmaterial auf den fremden Stationen einen abenteuerlichen Preis erreicht hat.

Obgleich der Vorrathsbestand an Schiffsbauholz im letz- ten Jahre in den englischen Häfen 66,000 Lasten, in den fünf französischen Kriegshäfen aber nur 40,000 Lasten betrug, so muß doch die Einfuhr an Eichen- und Mahagoniholz in Frank- reich eine größere gewesen sein, denn die Thätigkeit auf allen Werften war ununterbrochen, und während England alles in allem 16,334 Arbeiter beschäftigte, weisen die französischen Listen einen Arbeiteretat von 22,560 Köpfen nach, die einen Jahreslohn von beinahe vier und einer halben Million Thaler bezogen.

Wir würden dieser Verhältnisse hier gar nicht gedenken, wenn sie nicht zur Aufklärung über die Leistungsfähigkeit fran- zösischer und englischer Constructionsetablissements dienten — eine Untersuchung, aus der für Frankreich entschieden günstigere Chancen resultiren. Der französische Unternehmungsgeist und weitausschauende Ehrgeiz hat sich aber in einem Werke ge- gipfelt, das eine eigene Literatur hervorgerufen, gewichtige und werthlose Zungen und Federn in Bewegung gesetzt und durch das Wunderwerk seines Wellenbrechers allein eine europäische Berühmtheit erlangt hat; wir meinen Cherbourg. Es ist unter den fünf französischen Kriegshäfen wohl der bekannteste, da Brest, Lorient, Rochefort und Toulon durch ihre größere Ent- fernung von der englischen Küste weit weniger die Aufmerksamkeit auf sich ziehen. Das französische Gouvernement erkannte auch die Bedeutung dieses Platzes im Centrum des Canals schon vor beinahe zweihundert Jahren, und obgleich der Ort nur wenig natürliche Anlage zur Bildung eines Hafens hatte, so wurde doch damals schon seine Befestigung nach den besten Grundsätzen jener Zeit mit der gleichzeitigen Errichtung eines Seearsenals befohlen. Vauban entwarf die Pläne dazu, und dieser große Meister trug sich schon mit der Idee, Cherbourg zu einem Rendezvous für Heer und Flotte und zur Operationsbasis für etwanige Landungsversuche auf britischem Ufer zu machen. Bald ging diesen Unternehmungen jedoch der **nervus rerum** aus, und so blieb Cherbourg fast ein Jahrhundert lang in einer ziemlich hülflosen Lage, die durch den schon erwähnten Besuch englischer Truppen am 5. August 1758 gebührend ausgebeutet wurde. Ludwig XVI. befahl die Wiederaufnahme der Befestigungsarbeiten, die seit 1784 bis auf den heutigen Tag mit einer lobenswerthen Zähigkeit fortgesetzt wurden und trotz der Einsprache der Elemente ihre herrliche Vollendung fanden. Im Jahre 1802 besichtigte Buonaparte den begonnenen Wellenbrecher und befahl, auf ihm ein Fort mit zwanzig Kanonen zu errichten, das auch in drei Jahren vollendet, bei einem furchtbaren Unwetter aber im Jahre 1808 sammt allen Baracken, Magazinen und 200 Menschen von den Meereswogen fortgewaschen und verschlungen wurde. Napoleon I. ließ sich aber damals durch die Elemente noch keine Vorschriften machen und unter seinen Auspicien wurde das vernichtete Werk im Jahre 1811 auf breiterer Basis von Neuem begonnen, dessen Vollendung aber erst der Neffe auf dem Kaiserthrone erleben sollte. Der Wellenbrecher stellt der Bewegung der See einen Felsenwall von 12,333 Fuß Länge entgegen, er ist also über eine halbe geographische Meile lang, und überragt den Wasserspiegel um zwanzig Fuß; er trägt ein Parapet von 5 Fuß Höhe und 8 Fuß Dicke. An seiner Basis

Frankreich und England.   4

ist er 880 Fuß dick und seine Höhe variirt zwischen 60 und
66 Fuß. Die Erbauung eines solchen Riesenwerkes mitten im
Wogendrange des Meeres ist ein interessantes Moment unserer
Culturgeschichte; die größten Monolithen, untereinander durch
Béton zu einer einzigen Masse verkittet, sind das Fundament
auf dem Meeresgrunde. Capitain **Pim**, der in einer kleinen
Broschüre wichtige Details über Cherbourg giebt, gesteht ein,
daß Frankreich durch diesen Hafendamm alles in dieser Hinsicht
bisher in England Geleistete weit übertroffen habe, indem der
größte englische Wasserbrecher, der von Plymouth, in den Jahren 1812—1840 erbaut, nur 5280 Fuß lang, 360 Fuß dick
und 33 Fuß hoch ist. Die Cherbourger „Digue" umfaßt ein
Wassergebiet von 2000 englischen Acres und bietet auf diese
Weise allen Kriegsschiffen Frankreichs, die zu irgend welcher
Unternehmung hier je concentrirt werden dürften, den herrlich-
sten Ankerraum. An beiden Seiten ist eine Hafeneinfahrt frei-
gelassen; die westliche ist breiter als zwei englische Meilen,
die östliche aber nur 3600 Fuß weit; beide Wege sind ohne
Rücksicht auf Wetter und Fluth für Schiffe aller Gattungen
jederzeit fahrbar. Es ist schwer, die Kosten dieses Hafens nur
annähernd zu berechnen und **Busk** ist der Ansicht, daß eine
Summe von 21 Millionen Thalern sie bei weitem nicht decken
würde; rechnet man aber die Kosten aller Etablissements und
Vertheidigungswerke mit hinzu, so hat Cherbourg nach französischen Angaben bis zum August 1859 beinahe 48 Millionen
Thaler verschlungen.

Auf dem Wasserbrecher sind vier Werke errichtet: auf beiden Flügeln zur Vertheidigung der Hafeneinfahrten das **Musoir
Ouest**, respective **Est**, jedes mit 60 Kanonen; da, wo der Damm
ein Knie macht, das Centralfort mit 40 Kanonen, und west-
lich von diesem ein kleines Werk, die **batterie intermédiaire**
mit 14 Kanonen; diese vier Werke allein kosteten 700,000 Thaler
und bestreichen mit 174 Feuerschlünden den Wasserspiegel.

Das Centralfort, 510 Fuß Durchmesser, hat gegen den Canal eine kreisförmige, gegen die Hafenseite eine elliptische Form, und enthält außer kasemattirten Räumen noch mehrere Baraken für die Besatzung. Von der Platform der **Digue** ist es durch einen weiten, tiefen Graben auf beiden Seiten getrennt. Die Platform selbst ist für schwere Geschütze nicht geeignet, doch können Büchsenschützen aus ihren Scharten gegen einen anrückenden Feind gute Dienste thun. — Das **Musoir Ouest** wird wahrscheinlich neu gebaut werden müssen, da sein Fundament sich etwas gesenkt und in Folge dessen die Mauern auf der Außenseite einen langen Riß bekommen haben.

Von den anderen Befestigungen, wie sie der Originalplan verlangt, sind einige noch nicht vollendet, andere noch gar nicht begonnen, noch andere werden vielleicht nie angefangen werden; jedoch ist die Vertheidigung jetzt schon eine durchaus geschlossene. Gradeüber vom **Musoir Est** liegt die Insel Pelée, und auf derselben das **Fort Impérial**; es beherrscht dasselbe den östlichen Hafeneingang von der andern Seite, indem es sein Feuer mit dem des Musoir's kreuzt, und hat 56 Kanonen schwersten Calibers, 14 Mörser und einen Ofen zum Glühendmachen der Geschosse.

Das Fort des Flamands, rückwärts des Wasserbrechers auf der Küste erbaut, bestreicht die kleine Rhede, ist bombenfest und für 60 Kanonen eingerichtet.

Den Schlüssel zur ganzen Position bildet der südlich von der Stadt gelegene Hügel **du Roule**, gekrönt von dem Fort gleichen Namens, welches, aus Granitblöcken von enormer Größe aufgeführt, einen imposanten Anblick gewährt; es beherrscht Stadt und Hafen, im Süden die Eisenbahnlinie, und gilt als das eigentliche Kernwerk.

Der Militairhafen mit seinen großartigen Etablissements hat eine starke Enceinte, die durch einen tiefen, mit der See in Verbindung stehenden Graben noch verstärkt ist. Am nörd=

4*

lichsten Ende des **Bassin Charles** steht auf einer vorspringenden Felsenzunge das **Fort du Homet**, welches mit seinen 52 schweren Geschützen die Rhede vollständig beherrscht. Längs der östlichen und nördlichen Seefront sind Erdwerke angeschüttet, mit starken Profilen und für 84 Kanonen bestimmt. Auf der Landseite ist Cherbourg durch einen Halbkreis zahlreicher Redouten umgürtet; sie sind auf Höhen angelegt, dominiren das Vorterrain und bilden ein achtungsvolles Vertheidigungssystem. Die **Redoute** des Couplets und du Tot, und die **Forts** des Forches und d'Octeville sind die nennenswerthesten.

Wir haben schon gesagt, daß der westliche Hafeneingang der breitere ist; ihn begrenzen das **Musoir Ouest** des Wellenbrechers und ein auf der Küste auf **Point Querqueville** erbautes Fort mit 46 Kanonen und 4 schweren Mörsern; außerdem liegt aber mitten in der Hafeneinfahrt eine kleine Felseninsel, **la Roche Cavagnac**, die das Feuer ihres Forts mit dem der beiden Nachbaren zu einer mächtigen Triplealliauz verbindet.

Busk spricht mit einer gewissen Befriedigung davon, daß die 3000 Kanonen, welche die Panique im Hause der Gemeinen den Cherbourger Befestigungen angedichtet hatte, eine Fabel seien, und daß nach Capitain **Pim's** Berechnungen, Cherbourg höchstens im Stande sei, 400 Feuerschlünde einem Feinde entgegenzusetzen; jene Uebertreibung unverständiger und schwatzhafter Mäuler verdient keine Berücksichtigung, was aber die 400 Kanonen des Capitain **Pim** anbetrifft, so müssen wir doch, ohne die Genauigkeit dieser Schätzung zu untersuchen, hinzufügen, daß sie ein formidables Vertheidigungssystem bilden, daß Cherbourg nach gewöhnlichen Begriffen für uneinnehmbar gilt, und daß England nicht einen einzigen Hafen von annähernd gleicher Größe, Leistungs- und Vertheidigungsfähigkeit wie „**Caesaris Burgus**" besitzt.

Im Centrum der Bucht, welche die Rhede bildet, an der Mündung der Flüßchen **Divette** und **Trottebec**, liegt der Kauf-

fahrteihafen, nordwestlich von diesem der Kriegshafen. Letzterer
enthält drei große Bassins, in Felsen gehauen, untereinander
in Verbindung stehend und umgeben von den ausgedehnten
Etablissements des Arsenals. Das äußerste, unmittelbar mit
der Rhede communicirende Becken ist bekannt als **Bassin Napoléon** oder **Avant Port Militaire.** An seiner Südseite stehen
vier bedeckte Werftschlippen und ein trockenes Kalfaterdock, in
welchem die größten Schiffe kalfatert werden können. Das
Bassin ist 950 Fuß lang, 768 Fuß breit und 55 Fuß tief,
gewährt mindestens für 16 Linienschiffe Sicherheit und ist seit
1813 vollendet.

Das zweite Becken, **Bassin Charles,** 1829 vollendet, ist
etwas kleiner.

Das Dritte ist das **Arrière Bassin du Port,** das größte
und berühmteste, 1365 Fuß lang, 650 Fuß breit und 60 Fuß
tief; es ward im Sommer 1858 in höchst demonstrativer Weise
durch Kaiser und Kaiserin eingeweiht. Um dieses Becken aus-
zuhöhlen, mußte eine Felsenmasse von bedeutend mehr als einer
Million Cubikmètres herausgeschafft werden. An seiner West-
seite sind sieben Werftschlippen (sechs sind vollendet) und sieben
Kalfaterdocks; unter diesen zwei in der Länge von 140 Mètres
(430 par. Fuß). Vier von diesen Docks sind im Stande bei
hohem Wasser die größten Schiffe der Französischen Flotte aufzunehmen, ohne daß diese gezwungen wären, auch nur ein
einziges Stück ihrer Armirung und Ausrüstung zu löschen.

Von der Arbeit, die die Aushöhlung dieses Riesenbassins
mit den in dasselbe mündenden Docks verursacht hat, kann man
sich eine Vorstellung machen, wenn man erfährt, •daß sie auf
bergmännische Art in einen aus Quarz und Gneiß gebildeten
Felsen gesprengt sind, und daß das Durchschnittsgewicht der
dazu erforderlichen, einzelnen Ladungen 8000—10,000 Pfund
Pulver betrug.

Man hat berechnet, daß die drei hier beschriebenen Bassins

ohne Schwierigkeit 40 Linienschiffe aufnehmen können, denn
ihr Flächeninhalt umfaßt mit allen Docks 256 englische Acres.

Wie diese nur flüchtige Skizze zeigt, zerfallen die Cher=
bourger Werke in drei Classen: 1) der Wasserbrecher, als Schutz
für die Rhede; 2) die Bassins des Kriegshafens; 3) die längs
der Küste und auf den Höhen um die Stadt errichteten Bat=
terien, Forts und Redouten. Außerdem enthält Cherbourg
zahllose Werkstätten verschiedenster Art, ein bedeutendes Arsenal,
Magazine, Segelböden und eine Dampfmaschinen = Fabrik, wo
außer den Schiffsmaschinen und Dampfkesseln, auch Ketten,
Anker u. a. m. in gewünschter Zahl gefertigt werden können.

Die ungeheueren Geldopfer, welche die französische Nation
gebracht hat, um dieses gigantische Unternehmen zu vollenden,
stehen mit dem Resultate in gradem Verhältnisse; denn Frank=
reich besitzt jetzt einen Kriegshafen, in welchem 100,000 Mann
mit allen erforderlichen Vorräthen an Proviant, Munition und
Kriegsgeräth in wenigen Stunden eingeschifft werden können.
Für diejenigen, die dies unglaublich finden sollten und die
Schnelligkeit und Precision französischer Truppen bei solchen
Unternehmungen nicht kennen, fügen wir hinzu, daß 2000 Mann
gewöhnlich für ein Linienschiff gerechnet werden, und da die
großen Docks 40 Schiffe dieser Classe aufnehmen können, ohne
der bedeutend größern Anzahl von Fahrzeugen zu gedenken,
die außerdem auf der Rhede Platz finden, so erhellt, daß wenn
die Eisenbahnzufuhr an Truppen richtig organisirt ist, in jedem
Augenblicke 80,000 Mann, ohne Hülfe von Bo=
ten, an Bord marschiren können.

Wir glauben gern, daß eine solche Betrachtung ganz ge=
eignet war, das Haus der Gemeinen in London vor Schreck
auf den Kopf zu stellen, und Busk selbst ruft bei dieser Be=
rechnung aus: „Dies ist eine große Thatsache, die unsere ganze
Aufmerksamkeit verdient!"

Es ist jedoch nicht Cherbourg allein, welches zu alarmi=

renden Gerüchten Veranlassung giebt, sondern die ganze Nord=
küste Frankreichs wird unablässig verstärkt und allen ihren Häfen
die größte Sorgfalt gewidmet; ob dies im Hinblick auf die
Möglichkeit einer Invasion englischer Truppen und deren Ab=
wehr geschieht — ein Fall, an den wohl kein vernünftiger
Mensch in Europa vorläufig denkt — oder aber, ob die ent=
gegengesetzte Tendenz diese Rüstungen hervorruft, überlassen
wir der Beurtheilung unserer Leser. Wir haben genügend auf
die drohende Gefahr aufmerksam gemacht, und die jetzt noch
Ungläubigen werden erst belehrt werden, wenn das „qui vive!“
französischer Vorposten auf britischem Grund und Boden ertönt.

Schließlich wollen wir noch einer Täuschung gedenken,
deren sich ein Theil der englischen Presse vielleicht mit Absicht
schuldig macht, um das sehr erschütterte Vertrauen wieder her=
zustellen; auch **Busk** ist in dieser Täuschung befangen, wenn
er die unerschöpflichen Vorräthe guter, für Marinezwecke brauch=
barer Kohlen, die England besitzt, für eine Garantie hält, daß
die französische Flotte, die zum Theil mit britischer Kohle ge=
speist wird, immer in einer gewissen Abhängigkeit von England
bleiben werde und es schwerlich auf die Führung eines langen
Seekrieges ankommen lassen könne.

Um diese Ansicht zu widerlegen, müssen wir auf den Ge=
genstand etwas näher eingehen. Es ist wahr, daß der größere
Theil der Kohlen, welche die französische Flotte verbrennt, in
Newcastle und Cardiff gekauft wird, da eine Mischung von
Kohlen aus Wales und den Nordgrafschaften besser wirkt als
französische Kohle allein; ja selbst in Toulon, nur einige Mei=
len von den Kohlengruben von **Grand Combe**, wird an Bord
aller Kriegsdampfer nur britische Kohle verwendet, obgleich die=
selbe sich **per** Tonne (20 Centner) auf **35** Francs stellt, d. h.
noch einmal so theuer als französische Kohle. Die englische
Admiralität hingegen kann in heimischen Häfen die beste Kohle
für 11—18 Schillinge (4—6 Thaler) **per** Tonne haben. Bis

zu welcher Summe die Kohlenrechnungen der Dampfflotten
heutzutage anschwellen, geht daraus hervor, daß der tägliche
Bedarf an diesem theuren Feuerungsmaterial auf großen Schif=
fen oft 100 Tonnen, also 2000 Centner, überschreitet, mithin
die in einem Monate auf einem einzigen Linienschiffe verbrann=
ten Kohlen ein Capital von 18,000 Thalern repräsentiren.
Nun hat zwar Frankreich in seinen verschiedenen Häfen enorme
Vorräthe von Kohlen, nichtsdestoweniger würde der Preis dieses
Artikels im Falle eines Krieges, besonders eines Krieges mit
England, sehr bald bedeutend steigen, denn während der Feind=
seligkeiten gegen Rußland 1854—1855 zahlte die französische
Regierung für die Tonne waliser Kohlen 75—80 Francs.
Man mußte sich zu diesem hohen Preise bequemen, da die in=
ländische Kohle zu Marinezwecken durchaus unbrauchbar ist,
und **Busk** meint, daß im Falle eines Krieges mit England
die Operationen der französischen Flotte durch die dann noch
größere Kohlentheuerung sehr beeinträchtigt werden dürften, oder
Frankreich müßte sich die Unterstützung Belgiens für diesen Zweck
sichern.

Man hat nach sorgfältigen Untersuchungen berechnet, daß
französische Schiffsmaschinen, wenn sie mit voller Kraft arbei=
ten, 220 Pfund Kohlen auf jede Pferdekraft per Stunde ge=
brauchen; da eine solche Ueberanstrengung der Maschine aber
nur in dringenden Fällen vorkommt, so kann man den stünd=
lichen Kohlenbedarf auf jede Pferdekraft zu einem Centner an=
nehmen. Ein Geschwader von zehn Kriegsdampfern, jeder zu
900 Pferdekraft, würde also bei halber Kraftentwicklung zwi=
schen Toulon und Algier 18,000 Centner, und zwischen Tou=
lon und Brest mehr als 100,000 Centner Kohle verbrennen;
die bloße Fahrt einer Flotte von vierfacher Stärke auf dem
letzteren Seewege würde mithin, wenn der Preis per Tonne
nur 35 Francs wäre, 240,000 Thaler, nach dem Kohlentarif

aber während des Russischen Krieges, eine halbe Million Thaler kosten.

Ein Comité französischer Marineoffiziere hat im Jahre
1849 einstimmig erklärt, daß französische Kriegsdampfer mit
ihren Maschinen jetziger Construction bei stürmischem Wetter
nur mit Hülfe fremder Kohlen die See halten können, daß
also Frankreich nach wie vor gezwungen ist, sich bei allen seinen Flottenbewegungen den hohen Preisen für ausländische
Kohle zu unterziehen.

Gegen die aus diesen Prämissen gezogenen Schlüsse und
Hoffnungen des Herrn Busk sprechen nun folgende Thatsachen:

Erstens ist es, wie Busk selbst zugiebt, nicht unmöglich,
ja sogar wahrscheinlich, daß man Mittel finden wird, die Oesen
der französischen Dampfkessel der Feuerung des eigenen Landes
erfolgreich anzupassen;

Zweitens dürften einige, für Kohlen mehr verausgabte
Millionen kein Grund sein, die Ausführung eines ehrgeizigen
Planes, für den so viele Chancen sprechen, nur aus Rücksicht
auf den Geldpunkt aufzugeben, zumal in einem etwanigen
Friedensschlusse die Kosten des ganzen Unternehmens gewöhn-
lich dem Besiegten aufgebürdet werden;

Drittens besitzt Frankreich in den Magazinen seiner Kriegshäfen einen Kohlenvorrath, der den Bedarf eines Jahres für
die ganze Flotte deckt; und endlich

Viertens würde es bei einem Landungsversuche gar nicht
auf die Führung eines langen, erbitterten Seekrieges ankommen. Wie wir dies im letzten Italienischen Feldzuge gesehen
haben, liebt Frankreich kurze, glänzende Unternehmungen und
schnelle Erfolge, und die glücklich ausgeführte Landung eines
Invasionsheeres mit allen ihren unberechenbaren Consequenzen
würde England sicher vor Jahresfrist zu irgend einem Frieden
zwingen, lange bevor die letzte Schaufel britischer Kohle in
den französischen Maschinenofen geworfen ist.

Wir begnügen uns, diese Angelegenheit hier nur flüchtig zu berühren, um das hier oder dort herrschende Gefühl allzu großer Sicherheit auf sein richtiges Maaß zurückzuführen, und wiederholen einen Ausspruch des Herrn **Mac Sheehy**, der über dieses Capitel ebenfalls geschrieben hat; er sagt: „Je dirai donc que la marine à vapeur se trouve, par suite de sa richesse en charbon, être bien plus avantageuse à l'Angleterre qu'à tout autre Etat de l'Europe; mais aussi en aplanissant d'une manière absolüe le chemin de la mer, elle a détruit la barrière qui rendait cette contrée inattaquable, et a ouvert en quelque sorte dans ses frontières une brèche qui s'agrandira tous les jours." Wer erinnert sich bei diesen Worten nicht jenes berühmten Briefes, den der Herzog von Wellington am 9. Januar 1847 an den General Sir John Burgoyne schrieb, worin er sich über die Nationalvertheidigungsmittel Englands bei dem Versuche einer französischen Landung aussprach, und der, in den Spalten der Times veröffentlicht, bald darauf die Runde durch ganz Europa machte; dieses interessante Schriftstück enthält die wichtigen Worte: „Wir haben keine Vertheidigung, noch Hoffnung auf eine solche, ausgenommen in unserer Flotte. Wie aber die Sachen jetzt stehen, und wenn es wahr ist, daß die Anstrengungen der Flotte allein für unseren Schutz nicht hinreichen, sind wir nach der Kriegserklärung nicht für eine Woche sicher." Nachdem der Brief sich über verschiedene Mittel, eine Vertheidigung dennoch zu ermöglichen, verbreitet hat, schließt er mit den Worten, die uns der Leser gestatten mag im Original zu geben: „I am bordering upon seventy-seven years of age passed in honour. I hope that the Almighty may protect me from being the witness of the tragedy which I cannot persuade my contemporaries to take measures to avert.

Believe me evre yours sincerely

Wellington."

Nicht ohne Grund führen wir die Worte des greifen
Herzogs an; er soll unseren Ansichten ein Gewährsmann sein,
und aus dem wehmüthigen Tone dieses Briefes geht klar ge=
nug hervor, wie auch ein Wellington sich von der Ahnung
nicht frei fühlte, daß einst französische Bajonette auf britischem
Boden glänzen werden.

Bei einem Conflicte der beiden Rivalen wird Deutschland
schwer getroffen werden; es läßt sich nicht voraussehen, ob ihm
die Behauptung der Neutralität gelingen, oder ob einzelne
deutsche Staaten in irgend welche Allianzen treten werden.
Aber Eins steht fest: die gesammte deutsche Seeküste liegt offen
und schutzlos jedem feindlichen Anfalle preisgegeben, und die
deutsche Handelsmarine, eine der größten der Welt, wird bei
dem ersten Kanonenschuffe, wie die Möve vor dem Seesturme,
ängstlich umherirren und oft vergeblich Schutz und Unterkom=
men suchen. Welche Verluste da dem deutschen Handel und
deutschem Nationalreichthume bevorstehen, ist nicht abzusehen,
und so wenig Vertrauen wir auf einen Erfolg haben, so wün=
schen wir doch der Bremer Seekriegsrecht=Agitation von Grund
unseres Herzens die besten Resultate. Noch wesentlicheres Heil
dürfte aber Deutschland von der Berliner Conferenz der See=
uferstaaten erwarten, wenn alle Regierungen, fern von kleinen
und unwürdigen Eifersüchteleien und nach Verhältnissen opfer=
bereit, den einen Gesichtspunkt fest im Auge halten wollten,
daß Küsten nur durch zwei Factoren geschützt werden können:
durch feste Häfen und durch starke Flotten, und daß es haupt·
sächlich die Flotte ist, welche schützt, und ihretwegen erst wie=
der Häfen da sind. Preußen hat in fester Wahrung deutscher
Interessen, ohne.Rücksicht auf die Geringfügigkeit der eigenen
Mittel, den ehrenvollsten Anfang mit Flotte und Häfen ge=
macht, daß es aber allein das begonnene Werk nicht zu Ende
führen kann, sondern daß dazu die redlichsten Anstrengungen
des gesammten, centralisirten Deutschlands erforderlich sind —

wer möchte das heute noch verkennen? Ist aber Deutschland, in richtiger Anerkennung seiner Ehrenschuld an sich selbst, zu wirklichen Opfern bereit, dann möge es sich auch vertrauens= voll den preußischen Unternehmungen anschließen, denn, wir fragen weiter, wer möchte heute noch verkennen, daß das von Gefahren bedrohte Deutschland nur in Preu= ßen seinen Schwerpunkt suchen, nur in Preußen seinen Führer und Vertreter zu finden hoffen kann. Deutschland hat eine theilweise seetüchtige und seekun= dige Bevölkerung; es hat Holz und Hanf, Eisen und Kohlen; es hat im Uebermaaße die materiellen Mittel, eine Flotte zu schaffen — so möge es auch den Willen dazu haben, und trotz der Lethargie eines unseligen, inneren Zwiespaltes end= lich einmal das Vertrauen zu einem gemeinsamen, erfolgge= krönten Handeln lernen! Freilich darf es nicht vor den höch= sten Summen zurückschrecken und bei seinen beweinenswerthen Idealen von armirten Kauffahrern, Sechserfammlungen und den Wällen, welche ihm seine Söhne sein sollen, stehen blei= ben; der souveräne Unverstand der Massen, der in der ver= theilten Küstenbefestigung der alten Schule mit ihren Thürmen und Thürmchen und Schanzen und Schänzchen, blos weil sie billig ist, sein Heil sucht, muß zum Schweigen gebracht und in der Nation das klare Bewußtsein erweckt werden, daß sich Existenzgarantien heute nicht mehr mit einem gelegentlichen Obolus, sondern nur noch mit den höchsten Gaben und mit dem besten Herzblute erkaufen lassen. Millionen und aber Millionen Ermahnungen zur Einigung sind dem Volke und den Regierungen der Deutschen ohne Unterlaß ins Ohr ge= rufen worden — und wie wenige wurden beachtet! Aber wer= den wir nicht müde, diese Rufe immer wieder von neuem er= tönen zu lassen — und besonders wir, die wir um das Pa= nier der Hohenzollern geschaart stehen, lassen wir laut unsere Stimme erschallen, beseelt von der Hoffnung, daß wir **per tot**

discrimina rerum noch den Tag sehen werden, wo die gewaltige Faust der Weltgeschichte dieses' machtvolle und doch so machtlose Deutschland in neuen Formen zu erhöhter politischer Existenz emporrüttelt, und wo starke Flotten und feste Häfen nicht nur unsere Küsten schützen, sondern auch durch unseren militairischen Seeberuf ein kräftiger Faktor der deutschen, auswärtigen Politik sein werden. Gott, der uns von Vaterlandsliebe schwellende Herzen gab, in denen diese Wünsche immer wieder aufkeimen, Er wird auch der gesammten Nation der Deutschen, die ein vollbewußtes Dasein lebt, und als Träger der Gesittung und Intelligenz anderen voranleuchtet, die Zeit politischer Selbständigkeit und Selbstthätigkeit in Gnaden erscheinen lassen.